KB090124

팀 버튼의
위대한 세계

Original edition : EL UNIVERSO TIM BURTON

ⓒ Lunwerg Editores , Spain, 2020

All rights reserved.

Korean Translation Copyright ⓒ 2021 by BADUGI HOUSE.

Korean edition is published by arrangement with Lunwerg Editores through Imprima Korea Agency

이 책의 한국어판 저작권은 Imprima Korea Agency를 통해 Lunwerg Editores 와의 독점 계약으로 바둑이 하우스에 있습니다.
저작권법에 의해 한국 내에서 보호를 받는 저작물이므로 무단전재와 무단복제를 금합니다.

이상한 사람들에게

—이레네 말라

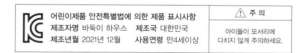

팀 버튼의 위대한 세계

크리스마스의 악몽 제조자와 특별한 존재들의 탄생

초판 1쇄 발행 2021년 12월 12일

글·그림 이레네 말라 | **옮긴이** 문주선 | **펴낸이** 이수지 | **편집·마케팅** 이수지 | **제작** 이명재 | **디자인** 김세은

펴낸곳 바둑이 하우스 | **출판등록** 제406-2510020130000037호 | **주소** (10881) 경기도 파주시 산남로 132번길 31, 1동 1호

대표전화 031-947-9196 | **팩스** 031-948-9196 | **ISBN** 979-11-90557-16-0 03680 | **정가** 32,000원

★ 이 책의 내용과 그림을 무단 복제하여 사용할 수 없습니다. ★ 잘못된 책은 구입하신 서점에서 바꿔 드립니다.

KC	어린이제품 안전특별법에 의한 제품 표시사항	⚠ 주 의
	제조자명 바둑이 하우스　　제조국 대한민국	아이들이 모서리에
	제조년월 2021년 12월　　사용연령 만4세이상	다치지 않게 주의하세요.

팀 버튼의
위대한 세계

크리스마스의 악몽 제조자와 특별한 존재들의 탄생

이레네 말라 지음

영화감독 팀 버튼은 전 세계적으로 수많은 팬을 거느리고 있다. 그들은 팀 버튼의 새 영화를 고대하고, 그가 펼쳐내는 이야기와 캐릭터에 동질감을 느낀다.

당신도 그들 중 하나인가? 당신은 버트니안★인가?

당신은 왕따나 아웃사이더인가? 아니면 상처 입은 괴물, 불가해한 슬픈 영혼인가? 기묘하거나 섬뜩한 그림을 즐겨 그리는가? 어둠이 내리면 저편의 세상으로 기꺼이 떠나는 사람인가?

'기묘한 세계'는 두 팔을 벌려 당신을 기다린다.

★ 버트니안 : Burtonian, 팀 버튼 감독의 팬을 일컫는 영어 단어

AGUJERO DE GUSANO
웜홀

우주의 두 지점을 연결하는 지름길의 입구. 웜홀의 양쪽 끝에는 문 역할을 하는 블랙홀이 있다. 이 통로를 통하면 다른 공간과 다른 시간으로 갈 수 있다.

이곳은 압솔렘-27의 입구다. 이곳을 통과해 우리는 한계가 없고 모든 것이 가능한 두 얼굴의 세계로 곧장 이동할 것이다. 죽음과 유령, 마녀와 괴물이 존재하는 어두운 고딕풍의 세계, 하지만 즐거움과 다정함도 함께하는 세계로.

떠날 준비가 되었는가?

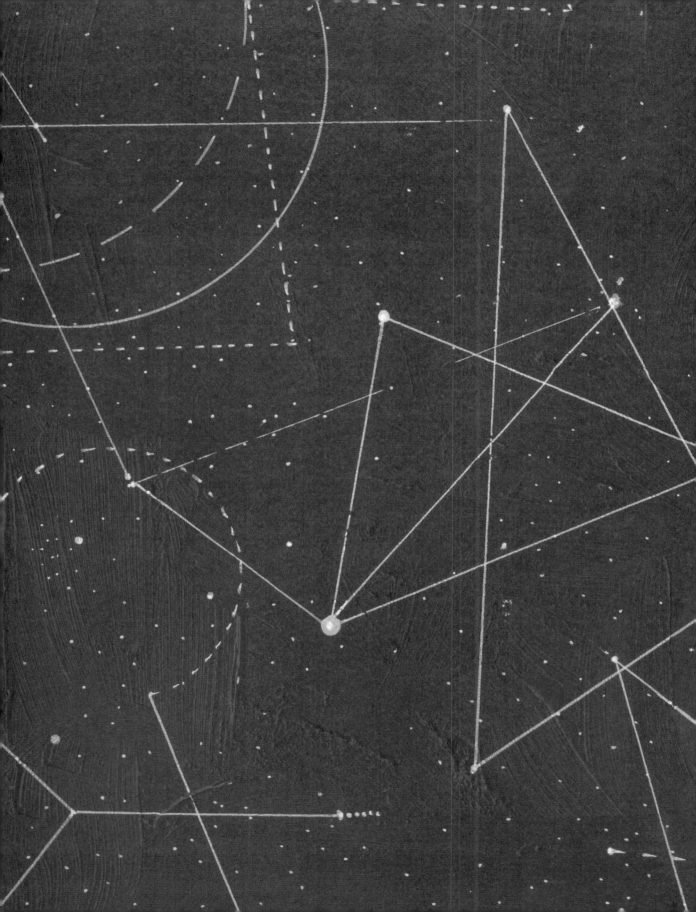

CARTA DE NAVEGACIÓN
항해 지도

팀 버튼을 이야기 하기에 앞서

왜 우리는 영화에 빠져드는가? 의심의 여지없이, 스크린이 제공하는 이야기 속으로 들어갈 때 느끼는 감정 때문일 것이다.

팀 버튼은 이야기꾼이다. 환상이라는 거미줄 위의 거미처럼 관객을 사로잡는 이야기꾼. 관객은 팀 버튼 영화 속의 음악과 장면에 빠져들고 결핍과 좌절에 공감하며, 가위손 혹은 윌 블룸과 자신을 동일시한다.

팀 버튼은 자신이 온 힘을 다해 지켜 주고 지켜 내려는 자들을 작품의 중심축에 놓는다. 괴짜나 왕따를 비롯해 앞머리로 눈을 감추는 사람들, 말이 없거나 소심한 이들, 내성적이고 눈치 없는 사람들, 에드거 앨런 포의 소설을 좋아하는 사람들, 사회가 내친 자들까지, 버튼의 세계에서 이'예민한 괴물들'은 단언컨대 멋지고 좋은 사람들이다.

팀 버튼은 '정상'이 더 이상 최선이 아닌 이야기를 통해 관객들을 인기 있는 자보다 부적응자에 더 가깝게 느끼고 공감하도록 한다.

대개 십 대의 모습을 한 주인공이 느끼는 외로움과 소외감은 그를 약하게, 동시에 강하게 만든다. 이들은 자신을 배척하는 사람과 사회를 향해 조용히 외친다. "나를 사랑해 줘, 나를 받아 줘!" 그것은 주인공을 영웅으로 진화시킨다. 우리 모두가 마음 속 깊은 곳에서 진정으로 원하는 것이기 때문이다.

팀 버튼의 영화는 반복되는 일련의 요소를 보여 준다. 내용과 형식은 끊임없이 진화하지만 늘 이야기 속에 자리하고 있다. 이런 요소 때문에 팀 버튼 스타일이 만들어지는 것이리라. 관객은 팀 버튼 스타일을 확실히 인지한다. 빅토리아 풍의 어둡고 음울한 저택, 다크 서클과 금색 가발, 현실과 환상의 이중성. 그러나 저변에는 어떤 심미적 또는 표면적(피상적) 분석을 초월하는 흐름이 있다.

팀 버튼은 사물이나 사건을 체계적으로 접근하는 것을 피하고, 선입견 없이 사물을 느끼고, 자극이나 충격, 시각적 자극에 자발적으로 반응하는 것을 선호한다.

이제 나의 평범한 표현과 진부한 설명으로 여러분과 함께 팀 버튼의 세계로 여행하려 한다. 나는 영화 평론가가 아니므로, 이 영화 거장의 예술 작품을 분석하고 파헤치기보다는 그저 그것을 느끼도록 여러분을 초대할 것이다.

때때로 일관성이 없고 모순적일지라도, 나는 그의 영화 속으로 기꺼이 들어가 본질을 파내고, 존재의 이유를 찾고, 필요하다면 상처를 헤집어 고통의 원인을 제거할 것이다.

본격적인 여행에 앞서 최대한 개인적인 의견과 시선은 자제하고 제한하면서, 팀 버튼 영화의 즐거움을 독자 여러분과 공유하고 감독의 필모그래피 중에서 가장 주목할 만한 작품에 대해 이야기할 것이다.

일러스트레이터로서 나는 팀 버튼의 세계를 글은 물론이고 그림으로 보여줄 것임을 밝혀 둔다.

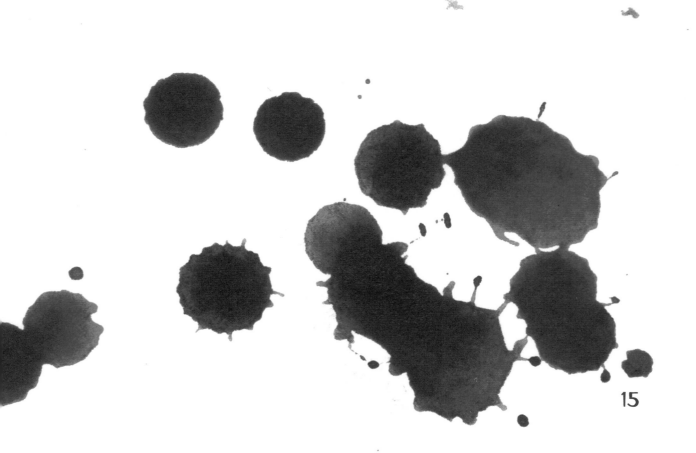

팀 버튼은 누구인가?

팀 버튼(본명 : 티모시 월터 버튼, 미국 버뱅크, 1958~)은 조용하고 수줍음을 많이 타는 외로운 소년이었다. 친구가 거의 없었으며 자신이 나고 자란 대도시 캘리포니아와 어울리지 않게 초점 없는 눈빛을 지녔으며, 가족이나 학교 같이 평범한 삶을 두려워 하는 소년이었다.

버튼은 남동생과 시체놀이 하는 것을 좋아했고, 이웃의 어린 아이들에게 우주선이 공원에 추락했다고 허풍 떨기를 즐겼다.

그는 1950년대 공상 과학 영화나 공포 영화 같은 B급 영화★를 상영하는 동시상영관을 즐겨 찾았으며, <고질라> 같은 괴수 영화를 좋아했다.

팀 버튼은 추리소설가 에드거 앨런 포의 소설을 읽고, 영화배우 빈센트 프라이스★를 숭상하는 괴짜였다. 아버지와의 관계는 그다지 좋지 않았다. 사람들과 잘 어울리지 못하고 겉도는 '화성인' 같은 성향은 어린 시절에도 마찬가지였다. 그는 아예 눈앞의 현실에서 도망치거나 자신의 상상력과 어두운 면을 드러낼 수 있는 다른 차원으로 자신을 이동시켰다.

그는 남달랐다. 보통 사람들이 정하고 따르는 규칙 속에서 사는 것은 맞지 않았다.

> 나는 늘 '현실'이니 '정상'이니 하는
> 단어들이 싫었어요.
> 누군가에게 '정상'인 것들이
> 다른 누군가에게는 '비정상'일 수 있으니까.
>
> 《*Burton on Burton* 팀 버튼이 말하는 팀 버튼》
> (마크 솔즈베리 저)

어린 시절부터 팀 버튼은 자신을 예술적으로 표현하는 경향이 있었다. 그는 자신을 제한하고 표현의 자유를 박탈하는 아카데미즘★을 피해 그림을 그렸고, 에세이 숙제 대신 단편 영화를 만들어 제출했다. 팀 버튼은 반항아였다.

마침내 버튼은 월트 디즈니가 설립한 캘리포니아 예술대학(칼아츠)에 장학금을 받고 입학하게 되었다. 이곳에서 버튼은 자신과 비슷한 '괴짜'들을 많이 만났지만, 여전히 그에게 학교는 낯설었고, 마치 군대에 있는 것처럼 답답함만 커져갈 뿐이었다.

몇 년 뒤, 버튼은 디즈니사(社)에 인턴 애니메이터로 입사했다. 그는 감정적으로 길을 잃고 헤매기 시작했다. 디즈니에서 지시한 다정하고 친절한 그림을 그릴 때마다 그는 이가 뽑혀 피를 뿜는 느낌

★ B급 영화 : 저예산 영화 혹은 질적으로 떨어지는 영화를 지칭하는 용어. 지금은 독특한 독립 영화을 지칭하는 말로 주로 쓰인다

★ 빈센트 프라이스 : 1950년대 공포 영화 스타로 활약한 미국 영화배우

★ 아카데미즘 : 전통적이고 보수적인 입장을 고수하고자 하는 학풍이나 관료적인 학문 태도

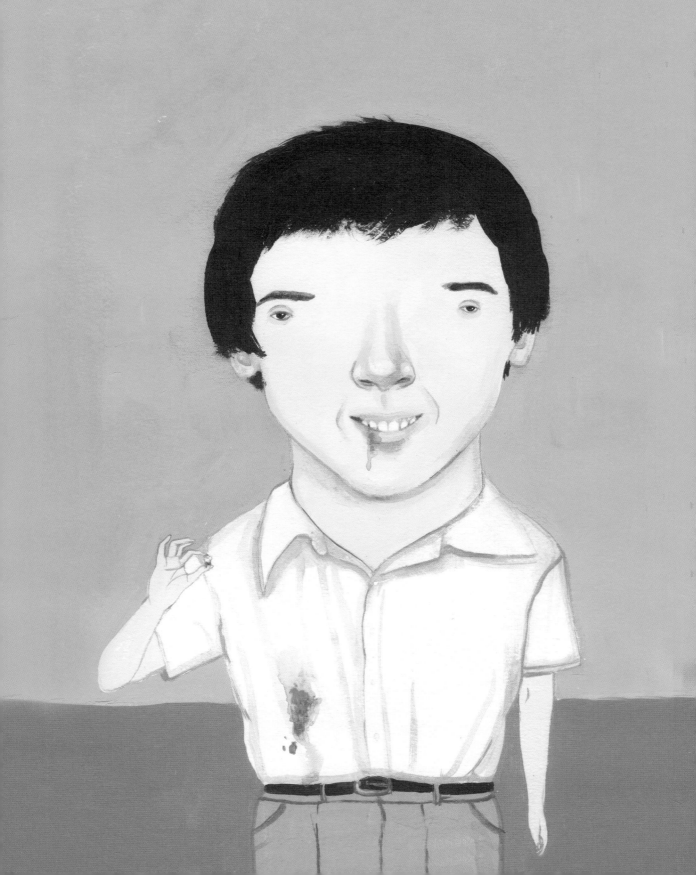

이었고, 고문을 받는 듯한 심정이었다. 그럼에도 모든 것이 나쁘지는 않았는데 이를 테면 한 손에 연필을 쥐고 작업대에서 쪽잠을 자는 기술도 습득했다는 것이다.

팀 버튼이 퇴사를 고려할 무렵, 디즈니사는 그에게 단독 작업의 기회를 제시하면서 거액의 자금을 투자하기까지 했다. 이렇게 만들어진 영화가 단편 스톱 모션 애니메이션 <빈센트>다. 이 영화는 팀 버튼 스타일의 탄생을 알리는 작업이자 감독에게 '해피 엔드'에 대해 고민하는 계기가 되었다.

버튼은 행운을 타고난 자다. 그는 적절한 시기에 적절한 곳에 있었다. 젊은 버튼은 다행히 새로운 아이디어와 프로젝트를 들고 상사들의 관심을 끌기 위해 이 방 저 방을 전전하지 않아도 되는 조건에 놓여 있었다. 그는 운이 좋았고 재능이 있었다. 그의 영혼은 그림자처럼 느리고 나른함에도 특별한 무언가가 있었다.

디즈니에서의 시절은 짧았다. 버튼은 흑백 단편영화 <프랑켄위니>를 촬영한 뒤 디즈니를 떠난다. 실사 배우를 기용해 영화를 제작한 것을 두고 벌어진 갈등이 원인이었다. 하지만 이 결정은 그의 인생에서 최선이자 최고였다. 팀 버튼에게 홀로 높이날 기회가 주어졌기 때문이다.

디즈니를 떠나자마자 워너 브라더스 사가 팀 버튼에게 영화 <피위의 대모험>의 감독직을 제안해 왔다. 이 영화로 팀 버튼은 흥행은 물론이고 '미국 영화계를 이끌 젊은 감독'이라는 명예를 동시에 거머쥔다. 이 영화에는 팀 버튼 스타일이 전면에 드러나지는 않지만, 몇몇 특징적인 터치가 눈에 띈다. 이후 팀 버튼은 <비틀쥬스>로 독창적이고 흥미로운 자신만의 스타일을 확립했으며 흥행에도 성공했다. 더불어 슈퍼히어로 코믹스를 영화화 한 첫 작품 <배트맨>과 속편 <배트맨 2>로 감독으로서 입지를 다진다.

이 두 편의 영화 촬영이 끝날 무렵, 팀 버튼은 오직 자신만의 영화를 찍어야 한다는 것을 깨닫는다. 그는 순수한 환상과 아름다움을 담은 크리스마스 이야기 <가위손> 촬영에 들어간다. 이 영화로 버튼은 평단과 대중의 찬사를 한 몸에 받는다.

우리의 컬트 영화 전문 감독은 이렇게 자신의 길을 개척해 나갔다. 신이 아니라 광대와 산타클로스를 두려워하는 신경질적인 사람, 냅킨에 그림을 그리고 항상 주머니에 노트를 가지고 다니는 사람.

이 순간부터 버튼은 대부분 비슷하지만 어느 하나도 평범하거나 똑같지 않은 영화들을 만들어 낸다.

이 책에서는 팀 버튼의 사생활을 다루지는 않을 것이다. 우리를 사로잡는 것은 그의 일이지 사생활이 아니기 때문이다. 하지만 그와 함께한 사람들이 팀 버튼의 작품에 어떤 영향을 미쳤는지 짚고 넘어가지 않을 수는 없다.

좋든 나쁘든, 인간은 불가침의 존재가 아니다. 상대적으로 타인에게서 영향을 많이 받는 존재가 있고, 이런 격언도 있다. '두 사람이 같은 침대에서 자면 같은 상태가 된다.' 딱 맞는 말 아닌가!

팀 버튼은 함께 일하는 배우나 화가와 사랑에 빠졌고, 그들은 버튼의 작품에 영향을 끼쳤다. 그는 독일 화가 레나 기제케와 인생 최초이자 유일한 결혼 생활을 했고, 이혼한 뒤 모델이자 배우인 리사 마리와 오랜 연인 관계로 지냈으며, 배우 헬레나 본햄 카터와 수년을 함께 지내며 두 자녀를 두었다.

팀 버튼이 현재 어떤 파트너와 함께하는지는 별로 중요하지 않다.

나는 더 행복한 사람이 되려고 노력했지만, 인생에서 가장 중요한 것은 상대를 있는 그대로 받아들이는 것이라고 생각합니다.

–멕시코를 방문한 팀 버튼과의 인터뷰
뉴스 22(유튜브 채널)

EL UNIVERSO TIM BURTON
팀 버튼 유니버스

팀 버튼의 영화를 이야기할 때 우리는 '팀 버튼 유니버스'를 언급한다. 이것은 그가 너무나 독특하고 뚜렷한 세계를 창조했고 관객이 그 내부 혹은 외부에 있기 때문이다. 심지어 이 유니버스(우주)와 닮거나 비슷한 것을 지칭하는 '팀 버튼적인' 혹은 '팀 버튼식', '팀 버튼 표'라는 말이 생길 정도다.

팀 버튼의 작품을 분석하기 위해 각각의 요소를 우주를 구성하는 물질에 빗대어 설명하려고 한다. 마치 우주 여행을 떠난 것 같은 기분이 들지도 모르겠다.

그럼 이제 카운트다운을 시작하겠다.

METEORITOS

운석

대기에서 완전히 분해되지 않고
행성 표면에 도달하는 유성체

팀 버튼에게 영향을 끼친 사람들

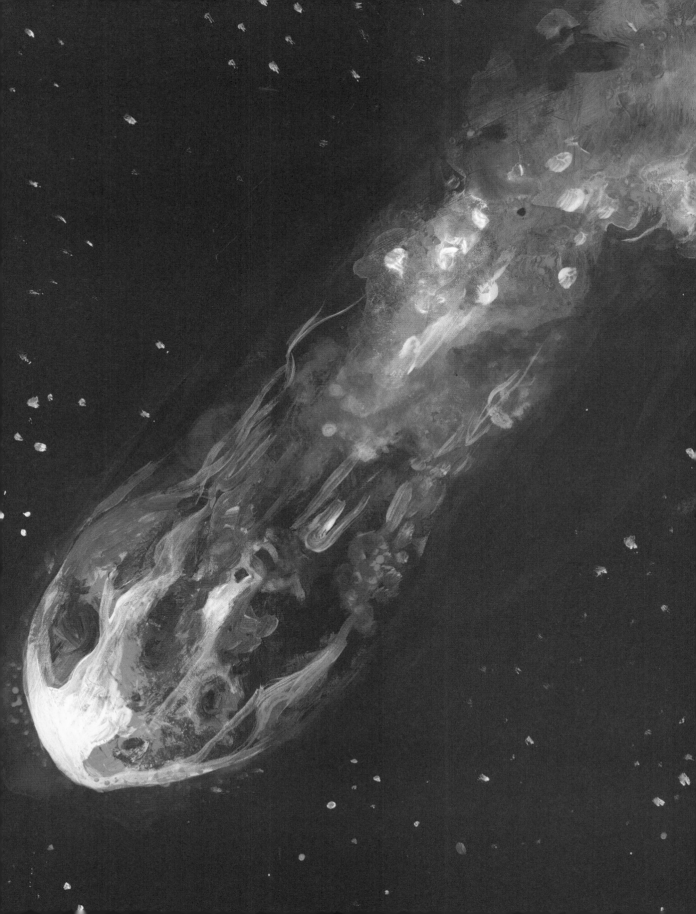

팀 버튼은 다양한 창작의 샘에서 물을 길어 올린다. 그 중 일부는 우리에게 익숙한 것도 있고 그렇지 않은 것도 있다.

문학과 영화는 팀 버튼에게 피난처이자 하늘에서 떨어진 만나★였다. 책과 영화는 그의 영혼을 살찌워 주었다. 어린 시절 그는 산타카탈리나 섬★의 아발론 극장에서 본 영화에 매료되었다. <킹콩> <해양괴물(검은 늪지대의 생명체)> <어셔 가의 몰락> <아르고 황금 대탐험> 같은 고전 영화는 어린 팀 버튼의 머릿속에 훗날 그의 영화에서 재현할 이상적인 이미지로 아로새겨졌다. 그는 영화 속 크리처들의 존재에 대해 독특한 시각을 가지게 되었고, 눈에 잘 띄지 않지만 분명히 존재하는 그들의 순수한 면을 인식했다.

모든 아이들은 어떤 이미지에 반응합니다.
[…] 나는 괴물이 기본적으로 오해를 받았다고 느꼈어요.
그들의 영혼은 그들을 둘러싼 인간의 영혼보다
훨씬 더 예민하지요.

《Burton on Burton 팀 버튼이 말하는 팀 버튼》
(마크 솔즈베리 저)

★ 만나 : 모세와 이집트를 탈출한 이스라엘 백성이 광야에서 굶주릴 때 하느님이 내려 준 신비로운 양식

★ 산타카탈리나 섬 : 미국 캘리포니아주 연안에 있는 바위섬

에드거 앨런 포,
찰스 디킨스,
그리고 페어리 테일

에드거 앨런 포(미국 보스턴, 1809~1849)는 환상 공포 문학의 대가다. 대표작으로는 소설 <검은 고양이> <그로테스크하고 아라베스크한 이야기들> <황금충>, 시 <갈가마귀> 등이 있다. 오늘날 단편 소설은 포 덕분에 장편 소설과 문학적으로 동일한 위상에서 인정을 받고 있다. 포는 탐정 소설-그는 아서 코난 도일에게 셜록 홈즈를 창조하도록 영감을 주었을 것이다-과 공상 과학 소설의 선구자 가운데 한 명으로 여겨진다.

소설가이자 시인으로서의 유명세 외에도 통렬한 문학 비평을 통해 당대에 인기를 얻었지만, 개인적으로는 어린 시절 부모의 죽음, 어린 아내의 투병 생활과 죽음으로 술과 마약에 취해 살았다. 본인 역시 의문사로 생을 마감했다.

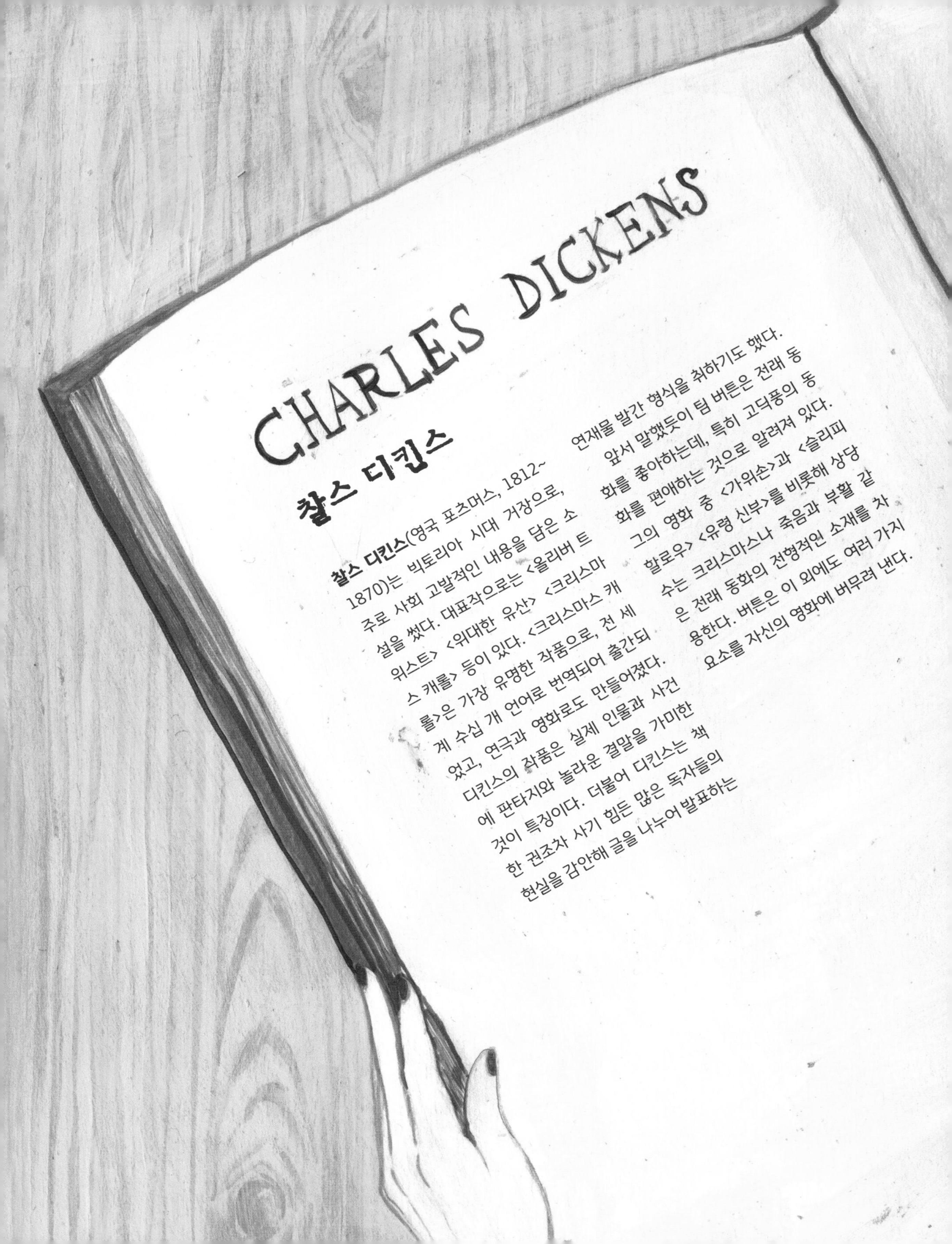

CHARLES DICKENS

찰스 디킨스

찰스 디킨스(영국 포츠머스, 1812~
1870)는 빅토리아 시대 거장으로,
주로 사회 고발적인 내용을 담은 소
설을 썼다. 대표작으로는 〈올리버 트
위스트〉 〈위대한 유산〉 〈크리스마
스 캐롤〉 등이 있다. 〈크리스마스 캐
롤〉은 가장 유명한 작품으로, 전 세
계 수십 개 언어로 번역되어 출간되
었고, 연극과 영화로도 만들어졌다.
디킨스의 작품은 실제 인물과 사건
에 판타지와 놀라운 결말을 가미한
것이 특징이다. 더불어 디킨스는 책
한 권조차 사기 힘든 많은 독자들의
현실을 감안해 글을 나누어 발표하는

연재물 발간 형식을 취하기도 했다.
앞서 말했듯이 팀 버튼은 전래 동
화를 좋아하는데, 특히 고딕풍의 동
화를 편애하는 것으로 알려져 있다.
그의 영화 중 〈가위손〉과 〈슬리피
할로우〉 〈유령 신부〉를 비롯해 상당
수는 크리스마스나 죽음과 부활 같
은 전래 동화의 전형적인 소재를 차
용한다. 버튼은 이 외에도 여러 가지
요소를 자신의 영화에 버무려 낸다.

에드워드 고리,
찰스 아담스

버튼은 그림 그리는 것을 좋아한다. 어린 시절 그에게 그림은 일종의 도피처였다. 버튼은 자라면서 이 분야에서 그림을 잘 그리고 인정을 받기 위해서는 따라야 할 몇 가지 기준이 있다는 것을 깨달았다. 그리고 마침내 '사실주의적인 표현에는 서툴지만 내가 하는 일을 좋아하고 즐긴다.'는 온건한 전제에 도달했다. 버튼은 무심하고 자유로운 필치로 풍자와 블랙 코미디, 냉소를 던지는 작가들의 작품에 주목하고 그것을 이정표로 삼았다. 남들에게는 어둡고 섬뜩한 존재였겠지만 버튼에게는 아주 달콤한 케이크 같았을 것이다.

에드워드 고리(미국 시카고, 1925~2000)는 평범한 인물들의 삶을 피와 병으로 물들이는, 특유의 음울하고 불길한 고딕풍 유머가 담긴 작품을 주로 그렸다. 긴 모피 코트를 입고 뉴욕 시티 발레단의 공연에 늘 나타나던 괴짜이자 여러 마리 고양이와 살았고, 연극 무대와 책 표지를 디자인하고, 수십 권의 책과 그림책을 지은 사람. 에드워드 고리는 토니 상★ 의상상과, 1977년에 상연된 연극 <드라큘라>의 무대 디자인으로 토니상 무대디자인상을 수상했다.

만화가 **찰스 아담스**(미국 웨스트필드, 1912~1988)는 1930년대에 잡지 <뉴요커>에 게재한 만화로 명성을 얻었다. 그는 풍자와 블랙코미디 형식으로 괴짜 고딕 가족의 모험을 통해 미국 중산층을 패러디했다. 이 만화는 1960년대 후반 유명한 TV 시리즈 <아담스 패밀리>로 제작되었고 스크린으로 영역을 넓혀 영화로도 만들어졌다. 최근에는 3D 애니메이션으로도 리메이크 되었다.

★ 토니상 : 미국 연극계의 가장 권위 있는 상으로, 브로드웨이에 올라온 작품 가운데 우수작들에게 수여한다

독일 표현주의 영화

팀 버튼 영화의 여러 장면은 영화 <메트로폴리스>
(프리츠 랑 감독, 1927년 작)나 <칼리가리 박사
의 밀실>(로버트 비네 감독, 1920년 작)을 연상시
킨다. 이 두 작품은 제1차 세계대전과 제2차 세계
대전 사이에 독일에서 나타난 사조인 독일 표현주
의 계열의 영화다. 전쟁으로 감정의 바다에서 항
로를 잃고 표류하던 예술가들은 자신의 표현 욕구
를 폭발적으로 드러내고 싶어 했다. 표현주의는 이
해하기 보다는 느껴야 한다. 이 사조는 애초에 회
화에서 비롯되었지만, 금세 영화로 옮겨갔다. 그
영향으로 배우들의 분장은 짙어지고, 극화나 과장
이 사용되었으며, 무대 장치는 기괴해졌고, 조명도
극적인 그림자를 강조하는 대조가 강한 것을 사용
했다. 표현주의 회화의 강렬한 색은 영화에서 흑
백 명암 표현으로 대체되었고, 비현실적이고 기하

학적인 장식으로 세트는 극도로 기묘한 공간으로
재탄생했다. 버튼은 독일 표현주의 영화의 시각적
요소뿐만 아니라 개인의 이중성, 선과 악의 투쟁,
삶과 죽음 등의 이중적이고도 양면적인 주제도 차
용했다.

<빈센트>의 한두 장면만 보더라도 금세 이를
확인할 수 있다. 혹은 <피위의 대모험>의 병원 장
면이나 <비틀쥬스>에 나오는 저승세계 공무원 주
노의 사무실로 연결되는 복도도 그렇다. <다크 섀
도우>의 뱀파이어 바나바스가 무덤에서 일어나는
순간은 <노스페라투>★를 연상시키며, <가위손>
의 주인공 에드워드의 분장도 마찬가지로 독일 표
현주의 영화의 영향을 받은 것으로 보인다.

★ 노스페라투 : 1922년 독일 무르나우 감독
　의 영화. 스토커의 소설 <드라큘라>를 최
　초로 영화화한 작품

빈센트 프라이스와 로저 코먼

빈센트 프라이스(미국 세인트루이스, 1911~1993)는 무엇보다도 60년대 저예산 공포 영화, 특히 로저 코먼 감독의 영화에 주로 출연한 배우다. 어린 시절부터 예술 분야에 관심이 많았던 프라이스는 대학에서 미술사와 미술을 공부했으며 졸업 후에는 라디오극과 연극에 출연하게 되었다.

배우로서의 재능은 그를 영화로 이끌었고, <밀랍의 집> <어셔 가의 몰락> <붉은 죽음의 가면>에서 주연을 맡았다. 그밖에 브로드웨이 뮤지컬에서도 활약했다.

팀 버튼은 빈센트 프라이스에게 헌정하는 단편 영화 <빈센트>의 내레이션을 빈센트 프라이스에게 맡겼으며, <가위손>에서 주인공 에드워드를 창조하는 박사 역할로 그를 캐스팅했다.

나는 거의 모든 공포 영화를 보았지만,
어떤 이유에서인지 가장 마음에 와 닿은 것은
빈센트 프라이스가 출연한 영화였다.

《Burton on Burton 팀 버튼이 말하는 팀 버튼》
(마크 솔즈베리 저)

NOT OF THIS EARTH

낫 오브 디스 어스

로저 코먼(미국 디트로이트, 1926~)은 할리우드의 인기 있는 저예산 영화 제작자이자 감독이며 배우다. 그는 서부 영화 <파이브 건스 웨스트>를 시작으로 공상 과학 영화 <세계가 멸망한 날>로 장르를 넓혀 갔다. <흡혈 식물 대소동> <X-레이 눈을 가진 사나이>를 비롯해 수백 편의 B급 영화를 감독했다.

그중에서도 공포를 주제로 한 작품들, 특히 에드거 앨런 포의 작품을 각색한 작품 가운데 빈센트 프라이스가 출연한 영화는 팀 버튼에게 영감을 주는 동시에 배우를 향한 동경심을 불러일으켰다.

레이 해리하우겐과 고딕풍

레이 해리하우겐(미국 로스앤젤레스, 1920-2013)은 스톱 모션 애니메이션★의 창시자이자 특수 효과의 대가다. 우리가 아무리 디지털 시대에 살고 온갖 괴물들이 제집 드나들 듯 쉽게 나오는 영화를 본다고 해도, 이 천재가 <놈은 바닷속으로부터 왔다>를 비롯해 <지구 대 비행접시> <지구에서 2천만 마일> <신밧드와 마법의 눈> <걸리버 여행기> <아르고 황금 대탐험> 같은 영화에서 만들어 낸 일부 장면에 여전히 놀라움을 금치 못한다. 특히 <아르고 황금 대탐험>은 해리하우겐의 가장 빛나는 작업물이고, 팀 버튼은 이 작품에서 영감을 받아 <미스 페레그런과 이상한 아이들의 집>의 명장면인 놀이 공원의 싸움 장면을 연출했을 것으로 보인다.

★ 스톱 모션 애니메이션 : 연속된 스냅샷을 기반으로 하는 움직이는 애니메이션 기술. 예를 들어 인형을 여러 위치에서 찍은 사진을 연속적으로 재생하면 정지된 물체가 변화하는 동영상을 만들 수 있다.

고딕풍 이 책에서 언급하는 고딕풍은 중세 후기 유럽에서 등장해 르네상스 이전에 나타난 예술 양식인 '고딕 양식'보다는, 중세적 테마의 부활과 초자연과 어둠에 대해 뚜렷한 관심이 있었던 18세기 말의 전형적인 낭만주의 문학 사조에 더 가깝다. 이는 고딕 양식 하위 문화의 일종으로, 1970년대 후반 영국 젊은이들 사이에서 생겨나 폭발적인 붐을 일으킨 뒤 전 세계로 빠르게 퍼져 나갔다.

일명 '고스족'이라고 불리는 이들은 기성세대에게 저항하는 집단이지만 사회에 참여하기보다는 도피하는 성향을 보인다. 이들은 검은 옷에 귀걸이나 목걸이, 체인 등 장신구를 주렁주렁 달고 머리는 부스스하게 풀어헤치며, 피부는 희고 창백하게 표현하는 반면 눈과 손톱은 검게 칠한다. 자기 성찰적이고 내향적인 가사의 어두운 노래를 주로 듣는다.

팀 버튼은 어린 시절 묘지 근처에서 자랐고 그 주변을 산책하는 것을 즐겼다. 그래서인지 그의 영화는 주로 죽음에 대해 말하고, 등장인물은 주로 검은 옷을 입으며, 유령이나 마녀, 성이 등장한다. <가위손>의 주인공 에드워드는 영국 가수 로버트 스미스와 헤어스타일이 비슷한데, 팀 버튼은 그와 같은 미용실에 다녔다고 밝힌 적이 있다.

영국의 얼터너티브 록 밴드 '수지 앤 더 밴시스'의 리드 싱어이자 '더 크리처스'의 멤버로, 고스 룩의 대표적인 아이콘

토드 브라우닝

(본명 **찰스 앨버트 브라우닝 주니어**, 미국 루이빌,
1880~1962)

배우이자 감독이다. 감독으로서 브라우닝은 수
많은 작품을 연출했고, 벨라 루고시 주연의 <드
라큘라>와 <프릭스>의 감독으로 잘 알려져 있다.
<프릭스>에서 브라우닝은 신체적 장애와 지적
장애를 가진 다양한 인물들을 등장시켜 관객을
'소수자들'이라는 불편한 진실과 마주하게 한다.
이 영화에는 완전히 다른 두 세계가 존재하는데,
이 두 세계는 서로를 받아들일 수 없는 뚜렷한 규
칙과 경계로 인해 서로에게 잔인하고 공격적이다.
이 영화에는 우리의 팀 버튼이 사로잡힐 수 밖
에 없는 매력적인 날것이 가득하다. 훗날 버튼은
이 무수한 재료를 사용해 상처 입은 괴물, 세계의
분열, '정상적인' 사람들, '어둠'의 대변자들로 대
표되는 자신의 명백한 스타일을 만들어 낸다.

BIG BANG
빅뱅

오늘날 우리가 우주로 알고 있는 공간을
만들어 낸 대폭발

현실과 판타지 그리고 다른 이중성

인간에게는 누구나 평범한 내면이 존재한다. 동시에 그 반대편에는 '괴물'들이 사는 이상하고 기묘하고 어두운 내면도 있기 마련이다. 버튼의 영화에도 평범한 세계와 동시에 음침하고 기이하며 마음을 홀리는 세계가 있다. 관객들은 그런 세계에 매력을 느끼고 낯설고 이상한 버튼의 공식에 현혹된다.

팀 버튼의 영화에는 이런 평행한 두 세계를 잇

는 다리와 그를 통해 만나는 교감의 순간이 존재한다. 감독은 두 세계의 만남을 우호적으로 그리는 동시에 다른 세계를 낯설지 않게 느끼도록 한다. 하지만 이것을 유일한 선택지로 제시하지는 않는다.

영화 <유령 신부>에서 산 자와 죽은 자의 사랑스러운 만남이라던가, <에드 우드>에서 주인공 에드 우드가 술집에서 자신의 우상인 오손 웰즈를 만나 대화를 나누는 장면을 통해 버튼은 이 두 세계가 병렬적으로 존재한다는 것을 보여 준다. 팀 버튼은 <시민 케인>의 일부 장면을 재구성하여 사상 최악의 영화감독 에드 우드에 대해 이야기한다. 버튼은 빛과 어둠, 아름다움과 추함, 고급스러움과 저급함, 예술성과 대중성을 적절히 혼합할 줄 아는 감독이다.

나는 빛과 어둠, 행복과 슬픔,
재미와 진지함 같은 조합을 좋아합니다.
왜냐하면 그것이 내가 늘 느끼는 방식이기 때문이지요.
나는 삶에 모든 양면성이 존재한다고 믿습니다.
이런 의미에서 세상을 향한 내 시선은
무척 현실적이라고 생각합니다.
내가 그렇게 느끼니까요.

-팀 버튼과의 인터뷰. <디아스 데 시네>, 1997. (유튜브 채널)

ENERGÍA OSCURA

암흑에너지

팀 버튼 영화에 반복적으로 등장하는 요소

암흑에너지(dark energy)는 우주를 가속 팽창시키기 위해
전 우주에 걸쳐 분포할 것으로 추정되는 가상의 에너지로,
우주 전체 질량 에너지의 거의 68%를 차지한다.
날아다니는 사람들부터 사방에 낭자한 피, 누덕누덕 기운 옷에
이르기까지, 팀 버튼의 영화에는 변하지 않고 반복적으로
등장하는 몇 가지가 요소가 있다.

분별력 있는(지각 있는) 괴물

버튼의 영화에는 기이하고 이상하고 괴기스럽고 외로운 존재들이 늘 등장한다. 하지만 그들은 먼발치에서 흘끔거리며 보는 존재가 아닌 우리에게 손을 내미는 친절한 존재들이다. 다만 예민한 영혼을 지녔고, 사람들에게 소외되었을 뿐이다.

블랙 유머

많은 사람들이 버튼 자체는 재미없는 사람이라고 말하지만, 그의 영화가 재미있다는 건 부인할 수 없는 사실이다. 팀 버튼의 영화는 넘치는 유머로 가득하다. 불길하고 우울한 블랙 유머지만 그 역시 결국 유머니까.

많은 장면들이 관객을 너털웃음 치게 만들고 일부 장면은 미소를 짓게 하지만, 팀 버튼의 영화 대부분에는 유머러스한 장면이 녹아 있다.

그 가운데 가장 눈에 띄는 것은 영화 <비틀쥬스>에서 디츠 가족과 오만불손한 손님들의 저녁식사 장면이다.

왕따와 인기인

버튼 영화의 주인공들이 소외된 자들 중에서도 가장자리에 있다는 것은 분명하다. 하지만 그들 중 일부는 무기력에서 깨어나 적극적으로 변하고 영웅에 가까운 인물로 재탄생하기도 한다. 그럼에도 주인공들은 소외된 자들을 저버리거나 외면하지 않는다.

구경거리 / 어트랙션

서커스와 놀이 공원은 팀 버튼 영화에 자주 등장하는 장소다. 서커스의 세계는 특별한 매력을 지녔고, 팀 버튼은 어린 시절부터 그런 요소에 매혹되었다. <피위의 대모험>을 비롯해 <비틀쥬스> <배트맨> <빅 피쉬> <프랑켄위니> <미스 페레그런과 이상한 아이들의 집>은 물론, <덤보>에도 서커스와 놀이공원이 등장한다.

광대,

버튼이 놀이 공원과 서커스를 좋아한다면, 그를 가장 매료시키는 것은 광대다.

그의 가장 어수룩한 면이든 더 어둡고 악랄한 면이든 광대와 관련된 미의식은 버튼의 영화에서 반복적으로 나타난다. 흑백 줄무늬, 선명한 빨강, 삐죽삐죽 선 머리칼, 광대 분장, 나선형 무늬, 천막, 풍선…….

<배트맨>의 조커, <비틀쥬스>의 비틀쥬스, <가위손>에서 킴의 물침대에 에드워드와 나란히 누운 인형, <피위의 대모험>에서 피위를 병원으로 데려가는 간호사들, <배트맨 2>의 악당들까지, 광대는 팀 버튼 영화 대부분에서 찾아볼 수 있다.

발명품,
실험과 기계

팀 버튼은 첫 번째 영화부터 마지막 영화까지 자신이 얼마나 발명품과 실험과 기계를 좋아하는지 갖가지 소품을 동원해 보여 준다. 이 모든 것은 하나 같이 엉뚱하고 기상천외하다. <피위의 대모험>에서는 피위의 아침 식사를 만들어 주는 기계가 나온다. <가위손> 에드워드의 성에는 심장 모양 과자를 만드는 기계를 비롯해, <배트맨>의 배트 모빌(배트카)과 배트 슈트, <화성 침공>에서 화성인들이 사람과 동물의 신체의 일부를 접합하는 실험, <프랑켄위니>에서 빅터가 스파키를 부활시키는 실험, 특별한 면도칼과 수천 개의 버튼과 기어가 달린 <스위니 토드>의 이발소 의자, <찰리와 초콜릿 공장> 속 함정으로 가득한 윌리 윙카의 공장까지. 하지만 의심할 여지없이 가장 멋진 발명품은 <슬리피 할로우>에서 수사관 이카보드 크레인이 진실을 밝히려고 고안한 과학 수사용 도구이다.

저런 멋진 장난감이
어디서 났지?
-조커

62

개

버튼이 개를 좋아한다는 것은 작품을 통해 확인할 수 있다. 그는 영화 속 개들을 단순한 소품으로 치부하지 않고 특정 역할을 수행하는 엄연한 등장인물로 대접한다.

살아 있거나 죽었거나 부활한 개들은 버튼 작품 곳곳에서 존재감을 드러낸다. <피위의 대모험>의 스펙, <유령 신부>의 스크랩스, <팀 버튼의 크리스마스 악몽>의 제로, <화성침공>의 포피, <프랑켄위니>의 주인공 스파키와 페르세포네처럼 이름이 있는 개들부터, <배트맨 2>에서 입에 수류탄을 물고 가게를 폭발시키는 악당 푸들, <비틀쥬스>에서 바바라와 아담을 죽게 만드는 개까지!

<화성 침공>의 치와와 포피는 실제 팀 버튼의 반려견이다. 극 중 기자 나탈리(사라 제시카 파커 분)와 머리와 몸이 뒤바뀌는 포피는 한때 감독의 연인이었던 리사 마리가 일본의 한 골목에서 구한 개다.

<가위손>에서 에드워드가 반려견들을 미용하는 장면도 인상적이지만, <피위의 대모험>에서 피위가 불이 난 가게에서 반려 동물들을 구출하는 모습은 관객의 마음에 오래도록 남을 장면이다.

조감도

팀 버튼의 많은 영화는 조감도, 즉 하늘에서 내려다본 장면으로 이야기가 시작된다.

감독은 장면 전환의 순간에 의존하는 프레임이 있다. 대부분 외길을 따라 이동하는 자동차가 등장하는데, 음울하고 엄숙한 분위가 이어지면서 짙은 안개에 가려진 공동묘지의 묘비가 나오기도 한다.

마녀

초자연적 존재, 주술과 마법, 묘약과 독. 마녀와 마법사, 선과 악, 요염하고 사악한 주술사와 앙상한 뼈. 버튼의 영화에는 다양한 모습과 종류의 마녀가 등장한다. <피위의 대모험>에는 카드점을 쳐서 잃어버린 자전거가 어디에 있는지 알려 주는 마녀가 나오고, <빅 피쉬>에는 초점 없는 눈으로 앞으로 어떻게 죽을지 보여 주는 마녀가, <슬리피 할로우>에서는 영혼을 불러내고 뼈를 훔치는 마녀와 산 자 혹은 죽은 자의 세계로 데려가는 마녀가, <다크 섀도우>에는 불행한 뱀파이어가 되는 마녀도 나온다. 버튼은 마녀를 너무 좋아해서 <이상한 나라의 앨리스>의 하얀 여왕조차 결국 마녀 중 하나로 만들어 버린다.

묘지

앞에서 언급했듯이 팀 버튼은 유년 시절에 집 근처 공동묘지에서 노는 걸 좋아했다. 죽은 자들의 평온함을 동경하던 소년의 피난처는 무덤들이 즐비한 공동묘지였던 것이다.

<슬리피 할로우>의 공동묘지는 희뿌연 안개와 특유의 음산한 아름다움으로 관객의 뇌리에 남아 있다. 한편 <비틀쥬스>의 주인공 비틀쥬스가 잠들어 있는 묘지는 <비틀쥬스>의 그것과는 다른 요란하고 정신없는 매력을 발산한다.

유령

머리 없는 기마병부터 유령 신부, 투명한 강아지까지. 팀 버튼 감독의 영화에서 반복적으로 등장하는 또 다른 캐릭터는 유령이다. 그의 첫 장편 영화 <피위의 대모험>에서 피위는 자전거를 찾으려고 히치하이킹을 한다. 그는 한 트럭에 타게 되는데 일순간 트럭 운전사 라지 마지의 얼굴이 기괴하게 변한다. B급 영화의 엉성한 특수 효과를 좋아하는 버튼은 변신의 순간을 스톱 모션 애니메이션 기법으로 처리해 라지 마지가 유령이라는 것을 암시한다.

<비틀쥬스>에 등장하는 저세상 인물들의 독특한 분장과 헤어, 의상 덕분에 이 영화는 미국 아카데미상 분장상을 수상했다.

<유령 신부>에서 버튼은 디지털의 힘을 빌려 저택의 복도를 미끄러지듯 고요히 움직이는 유령 신부 에밀리와 저승으로 떠나지 못하고 이승을 방황하는 영혼들을 그려내기도 했다.

대립적인
부자 관계

버튼이 영화에 자신의 모습을 투영한다는 것은 잘 알려진 사실이다. 이는 감독이 아버지와 그리 좋은 관계를 맺지 못했음을 추측하게 한다. 여러 작품 속에서 부모는 자녀와 거리가 멀고 관심이 없으며 무지한 존재로 그려진다. 특히 아버지는 벽창호나 무관심, 잔소리와 동의어로 취급된다.

<비틀쥬스>의 리디아는 아버지로부터 외롭고 불가해한 존재고, <찰리와 초콜릿 공장>의 윌리 웡카는 아버지의 애정 없이 자랐으며, <슬리피 할로우>의 이카보드 크레인은 맹목적인 종교인인 아버지의 손에 어머니를 잃었고, <유령 신부>의 빅터와 빅토리아는 가문만 생각하는 부모들이 강요하는 정략결혼의 희생자들이며, <미스 페레그린과 이상한 아이들의 집>의 제이크의 아버지는 아들의 말을 믿어 주지 않는다.

대립적인 부자 관계가 그 어느 작품보다 분명

하게 드러난 영화는 <빅 피쉬>다. 이 작품의 대본을 받았을 무렵, 팀 버튼은 인생의 격동기에 놓여 있었다. 부모님이 사망한 지 오래지 않았고, 헬레나 본햄 카터와의 사이에서 첫 아이를 막 얻었을 즈음이었다. 누군가의 아들에서 한 아이의 아버지로 변신한 팀 버튼 내면의 무엇인가가 그의 심리와 감정을 흔들었을 것이다. 그 결과 버튼의 작품 중 가장 아름다운 영화로 꼽히는 <빅 피쉬>가 탄생했고, 작품은 매우 분명한 메시지를 전달한다. '오늘 할 일을 내일로 미루지 말라. 죽음이 기다릴지도 모르는 내일은 너무 늦다.'

유행 / 유행 아이템

버튼이 크리스마스와 핼러윈에 요리를 한다면, 모든 음식에는 호박과 해골이 반드시 들어갈 것이다. 또한 종이 인형, 애니메이션, 저예산 영화의 냄새도 느껴질 것이다.

일반 가정에서 사용하는 장식 소품 또한 눈에 띄지는 않지만 중요하게 쓰이는 기본 재료 가운데 하나다. 팀 버튼의 영화에서 이런 면모를 고스란히 볼 수 있다. 버튼은 <가위손>에서 마을과 집을 표현하면서 1960년대와 1970년대에 유행한 일견 촌스럽기도 하고 멋지기도 한 키치★ 인테리어를 선보였다. 당시 미국 여성들이 많이 사용하던 유명한 화장품 브랜드 '에이본'의 제품들도 다수 등장하는데, 킴의 엄마 펙이 이 브랜드의 외판원으로 나온다. <다크 섀도우>에서는 반항적인 사춘기 소녀 캐롤린의 방을 당시 유행하던 팝스타의 포스터와 에스닉한 무늬의 직물을 사용해 1970년대 보헤미안 스타일로 꾸몄다. 이 영화에서 마크라메를 모아둔 비밀의 방 장면은 감독이 의도한 바를 잘 보여 준다.

★ 키치 : 선명한 색상과 복잡한 무늬, 과한 장식이 더해진 스타일

유행에 대한 감독의 생각이 가장 잘 드러난 영화는 <빅 아이즈>로, 가장 정제되고 고양된 순수 예술이 평범한 대중과 유행에 짓밟히는 내용이 담겨 있다. 팀 버튼은 자신도 마가렛 킨★의 복제품을 소장하고 있으며, 화가에게 작품을 주문한 적이 있다고 밝혔다.

<배트맨 2>에서 팀 버튼은 특유의 유머 감각을 뽐내며 악당의 방을 마치 60세 할머니의 방처럼 느껴지도록 베드 램프를 배치했다.

<화성 침공>의 도넛 간판, <유령 신부>의 멕시코 해골, <피위의 대모험>에 나온 'Mr.T 시리얼'★, <빅 피쉬> 속 낭만적인 로맨스도 당시의 유행 코드 가운데 하나다.

★ 마가렛 킨 : 영화의 주인공이자 실존한 미국 화가로 눈이 큰 어린이들을 주로 그렸다

★ Mr.T 시리얼 : 1980년대 퀘이커사에서 생산한 시리얼 상표로, Mr.T는 미국 드라마 A-Team 에 출연한 캐릭터이다

CONSTELACIONES
별자리

팀 버튼의 우상과 뮤즈가 된 배우들

성단

일터에서의 좋은 분위기는 사고를 유연하게 하고, 일을 순조롭게 만든다. 팀 버튼 감독은 이를 무척 중요하게 여기는 사람이다. 그는 촬영 기간 동안 모두가 행복하고 유쾌한 상태로 일에 임할 수 있도록 촬영장 분위기를 조성하는 동시에, 어느 한 사람의 희생이나 고통을 강요하지 않는다.

함께 일한 배우에 대해 이야기하는 자리에서 버튼은 늘 자신이 매우 운이 좋은 사람이라고 언급한다. 그는 배우와 감독 간에는 어떤 유대가 필요하며 그로 인해 생기는 자연스러운 관계와 서로 간의 이해가 작업을 용이하게 한다는 것을 알고 있다. 만약 배우가 감독과 작품에 관심이 없으면 버튼은 과감히 배우를 포기한다. 그는 말을 많이 하는 것을 좋아하지 않아서, 자신이 원하는 것을 정확히 전달하는 텔레파시 같은 일종의 소통 수단을 개발했다.

아마도 이것이 팀 버튼이 같은 배우를 계속 기용하는 이유일 것이다. 버튼은 배우들을 숭배하거나 친근하게 대한다. 누가 그런 감독을 마다하겠는가.

버튼은 눈망울이 크고 즉흥 연기를 잘 하는 배우들에게 호감을 느끼는 편이다. 그는 배우들을 분장시키고 변신시키는 것을 좋아하는데, 그것이 배우들을 자유롭게 해 주기 때문이라고 여기는 까닭이다.

사람들의 눈은 많은 것을 표현할 수 있어요.
그래서 나는 눈에 집착합니다.
더불어 나는 사람이 변장이나 분장을 하면
자유로워진다는 것을 발견했어요.
핼러윈 가면이 주는 자유처럼요.
변장한 사람들은 자유를 즐기고 더 많은 것을 하지요.

《Burton on Burton 팀 버튼이 말하는 팀 버튼》
(마크 솔즈베리 저)

빈센트 프라이스

(본명 **빈센트 레너드 프라이스 주니어**, 미국, 1911~1993)

이 노배우가 젊은 감독에게 미친 영향에 대해서는 앞서 언급한 바 있다. 팀 버튼은 자신의 작품에 빈센트 프라이스를 여러 번 캐스팅했다.

첫 캐스팅은 팀 버튼이 디즈니 시절 만든 감독의 첫 단편 애니메이션 영화 <빈센트>였다. 노배우의 이름과 같은 제목의 이 영화에서 팀 버튼은 프라이스에게 내레이션을 맡겼는데, 이것이 둘 사이 우정의 시작이었다.

훗날 빈센트 프라이스는 <가위손>에서 에드워드의 창조자이자 발명가로 나오는데, 가운을 입은 품위 있는 모습의 이 역할은 팀 버튼이 프라이스를 위해 만든 것이다. 1993년, 노배우의 죽음으로 둘은 더 이상 함께 작업할 수 없게 되었다. 팀 버튼은 2012년 <프랑켄위니>에서 빈센트 프라이스를 스톱 모션 애니메이션 캐릭터로 등장시킨다. 프라이스는 반려견을 잃은 어린 빅터에게 부활이라는 희망의 빛을 보여 주는 과학 교사 라즈크루스키 역할을 맡았다. 이는 빈센트 프라이스를 향한 팀 버튼의 애정 어린 헌사이다.

조니 뎁

(본명 **존 크리스토퍼 뎁** 2세, 미국, 1963~)

조니 뎁이 출연한 영화의 80퍼센트는 팀 버튼의 영화라고 해도 과언이 아니다. <가위손>의 주인공으로 출연한 이후, 조니 뎁과 팀 버튼 사이에는 건전하고 특별한 관계가 형성되었다.

배우이자 프로듀서, 감독, 시나리오 작가, 뮤지션인 조니 뎁은 <가위손> 이후 <에드 우드>에서 세계 최악의 감독 에드 우드 역을 매혹적으로 연기한다. 그는 <슬리피 할로우>의 유약한 수사관 이카보드 크레인으로도, <찰리와 초콜릿 공장>의 창백하고 냉혹한 윌리 윙카로도 완벽하게 변신해 관객에게 소름을 선사했다. 뿐만 아니라 <유령 신부>에서는 말을 더듬는 빅터의 목소리 연기를, 뮤지컬 영화 <스위니 토드>에서는 몇 달은 밤을 샌 것 같은 얼굴로 피에 굶주린 이발사 역할을, <이상한 나라의 앨리스>에서는 이상한 눈동자를 가진 모자 장수를 멋지게 소화했다. <다크 섀도우>에서는 수백 년만에 세상에 나온 뱀파이어 바나바스 콜린스로 분한다.

이 가운데 조니 뎁의 연기가 빛을 발하는 베스트 3을 꼽자면 마땅히 <가위손>과 <에드 우드> <슬리피 할로우>일 것이다.

*조니는 항상 나를 놀라게 하고 가능한 한
더 많은 것을 연기하려고 노력합니다.
그래서 작업이 더 흥미로워지고 더 쉬워지죠.
그는 변장하고 변신하고, 미친 척하고
우스꽝스러워 보이는 걸 좋아합니다.*

-2005년 7월 28일 엘문도 문화면 인터뷰 중

마이클 키튼

(본명 **마이클 존 더글라스**, 미국, 1951~)

버튼은 <비틀쥬스>의 캐릭터를 구축하기 위해 마이클 키튼의 집에 머물면서 즐거운 시간을 보냈다고 밝힌 바 있다. 감독은 이 배우의 즉흥 연기 재능을 높이 샀기에 해석의 자유를 전적으로 키튼에게 맡겼다. 그 결과 마이클 키튼은 괴상하고 변태스러우면서 딱딱한 표정을 지닌, 동시에 미친 듯이 발랄한 귀신으로 완벽하게 변신했다.

키튼이 사악한 악령, 비틀쥬스를 연기할 거라고 누구도 예상하지 못했던 것처럼, 팀 버튼이 배트맨의 검은 망토로 몸을 휘감을 배우가 마이클 키튼이라고 발표하자 DC 코믹스 팬들은 거세게 반발했다. 제작사에 캐스팅 철회 요청과 분노가 담긴 수만 통의 항의 편지가 날아들 정도였다. 그럼에도 버튼은 비판을 무시하고 꿋꿋이 영화를 밀어붙였다.

<배트맨>과 <배트맨2>에서 키튼의 차분하고 절제된 연기는 <비틀쥬스>에서의 불안하고 신경질적인 연기와 극명한 대조를 이룬다. 이 두 캐릭터는 우열을 가릴 수 없을 만큼 탁월하며 키튼이 뿜어내는 빛과 미소는 그가 연기를 즐긴다는 방증일 것이다.

버튼의 최신작인 <덤보>에서 키튼은 어린 코끼리를 무분별하게 착취하고 싶어 하는 악당 사업가 V. A. 반데비어 역할을 맡았다.

위노나 라이더

(본명 **위노나 로라 호로위츠**, 미국, 1971~)

위노라 라이더는 'X세대★'의 아이콘이다. 조숙하고 자신만의 세계가 있는 라이더지만 영화계에서는 그를 깊이 이해하지 못했다.

라이더는 <비틀쥬스>의 외로운 청소년 리디아를 연기한 뒤 미국 턴에이저들의 우상으로 단숨에 떠올랐다. 마이클 키튼과의 연기 호흡을 다시 한 번 원하는 대중들이 많았지만 속편 제작은 결국 빛을 보지 못하고 무산되고 말았다.

<가위손>에서 라이더는 금발의 치어리더 복장을 한 사랑스럽고 감수성 풍부한 소녀 킴을 연기했고, <프랑켄위니>에서는 엘사 반 헬싱의 목소리 더빙을 맡았다.

위노나 라이더는 슬럼프의 늪에 빠져 오랜 시간 팬들을 안타깝게 했지만, 이제 다시 돌아와 힘차게 활동 중이다. 위노나, 돌아와줘서 고마워요.

★ X세대 : 1970년대에 출생한 세대로, 무관심 · 무정형 · 기존 질서 부정 등으로 대표되어진다

딥 로이

(본명 **모힌더 푸르바**, 케냐, 1957년~)

딥 로이는 케냐에서 태어난 인도인이며 왜소증 때문에 132센티미터에서 성장이 멈췄다. 배우이자 스턴트맨이기도 한 로이는 버튼의 여러 작품에 출연했다.

버튼과의 첫 작업은 <혹성 탈출>로, 로이는 극 중에서 어린 고릴라와 악당 테드의 조카딸로 분했다.

몇 년 뒤 로이는 <빅 피쉬>에서 소기버텀(소기 바텀) 역과 서커스 보조 역을 맡아 연기했고, <유령 신부>에서는 본서퍼트 장군의 목소리 연기를 펼친다. 하지만 대중들의 뇌리에 가장 선명하게 각인된 역할은 바로 <찰리와 초콜릿 공장>의 움파룸파족이다. 로이는 노래하고 춤추고 재주를 넘는 등 165명의 움파룸파족 연기를 천연덕스럽게 소화했다.

대니 드비토

(본명 다니엘 마이클 드비토 주니어, 미국, 1944년~)

배우이자 영화 감독, 프로듀서기도 한 이탈리아계 미국인 드비토는 눈에 띄는 외모로 <배트맨 2>의 빌런 펭귄맨으로 열연해 대중들에게 강한 인상을 남겼다. 드비토는 버튼과 총 네 작품에서 함께 일했다. 영화 <배트맨>의 태어나자마자 부모에게 버림받은 검은 부리 동물 역할 이외에도, <빅 피쉬>에서는 주인공 에드워드 블룸이 거인 칼과 함께 일하는 서커스 단장 늑대인간 아모스 캘러웨이를, <화성 침공>에서는 도박꾼 변호사 루도 갬블러를 연기했으며, <덤보>에서는 서커스 단장 맥스 메디치로 출연했다.

리사 마리

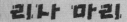

(본명 **리사 마리 스미스**, 미국, 1968년~)
　리사 마리와 팀 버튼이 약 10년 동안 연인이었다는
것은 널리 알려진 사실이다. 배우이자 모델인 리사 마
리는 1991년 새해 전야에 팀 버튼과 만난 뒤로 여러 작
품에서 함께 일했다.
　리사 마리는 <에드 우드>에서 완벽한 뱀피라를 연
기했다. 승객들의 놀란 시선에 아랑곳하지 않고 도도하
게 버스에 탄 모습은 뱀피라 그 자체였다. <화성 침공
>에서는 잘록한 허리와 엉덩이를 씰룩대며 지구인인척
걷는 화성인의 모습으로 관객들을 놀라게 했으며, <슬
리피 할로우>에서는 이카보드의 어머니 역으로 매력을
발산했다. <스테인 보이의 세계>에서는 유혹적인 목소
리로 더빙을 맡기도 했다.

제프리 존스

(본명 **제프리 던컨 존스**, 미국, 1946년~)
　　존스는 <비틀쥬스>에서 신경질적인 여피★이자 리디아의 아버지인 찰스 디츠를 연기했으며, <에드 우드>에서는 얼토당토않은 예측으로 유명해진 심령술사이자 점쟁이 크리스웰 역을 맡았다. <슬리피 할로우>에서는 탐욕스러운 목사 스턴윅으로 분한다.

★ 여피 : 'young urban professional'의 약자로, 도시 주변을 생활 기반으로 삼고 전문직에 종사하는 젊은이들을 일컫는 말

마이클 고프

(본명 **프랜시스 마이클 고프**, 말레이시아, 1916~2011).

평생 백 편이 넘는 영화에서 조연으로 출연했음에도, 마이클 고프는 어둠의 가면을 쓴 박쥐 영웅의 집사로 가장 잘 알려져 있다.

팀 버튼은 <배트맨>과 <배트맨2>에 고프를 캐스팅했고, <슬리피 할로우>에서는 이 불길한 마을의 공증인인 제임스 하든브룩 역을 맡겼다.

고프는 목소리 연기에도 도전했는데, <유령 신부>의 거트넥 장로, <이상한 나라의 앨리스>에서는 도도새의 목소리 더빙을 맡기도 했다.

99

헬레나 본햄 카터

(영국, 1966~)

　헬레나 본햄 카터와 팀 버튼은 슬하에 두 자녀를 두었고, 그래서 둘의 관계는 꽤 오래 지속될 수 있었다.

　이 모든 것은 <혹성 탈출>에서 헬레나가 아리 역을 맡으면서 시작됐다. 이 영화에서 카터는 거의 모든 장면에 등장하며, <혹성 탈출> 외에도 카터는 조니 뎁과 더불어 팀 버튼의 영화에 가장 많이 등장하는 배우다. 버튼은 자신의 파트너가 섹시하고 매력적으로 보이는 걸 두려워하는걸까? 버튼의 영화에서 카터는 비교적 외적으로 덜 아름다운 노파나 마녀, 멍청이, 외눈박이, 주정뱅이, 미치광이 같은 역할로 출연한다.

　<빅 피쉬>에서는 미래를 보여주는 늙은 마녀와 빗에 알레르기가 있나 싶을 정도로 헝클어진 머리를 자랑하는 피아노 선생님역으로 나오며, <찰리와 초콜릿 공장>에서는 주인공 찰리의 엄마이자 곧 쓰러질 듯 병약해 보이는 버킷 부인 역을, <유령 신부>에서는 유령 신부 에밀리의 목소리 연기를 맡았다. <스위니 토드>에서는 런던 최고의 파이를 만드는 잔인한 러벳 부인을, <이상한 나라의 앨리스>와 <거울 나라의 앨리스>에서는 거대한 얼굴을 가진 붉은 여왕 역을, <다크 섀도우>에서는 알코올 중독자이자 정신과 의사 줄리아 호프만 박사로 분했다.

> 헬레나는 특별한 배우이자 아름다운 여성입니다.
> 그럼에도 그는 항상 얼굴에 털을 붙이거나
> 치아에 검댕을 칠하는 걸 마다하지 않아요.
> 그런 걸 요구하는 것은 헬레나 자신이지요.
> 헬레나는 더 멀리 가는 것, 끔찍하게 보이는 것, 모든 것을 감행하지요.
> 나는 이 배우의 그런 면을 좋아합니다.
>
> ─2005년 7월 28일 엘문도 문화면 인터뷰 중

크리스토퍼 리

(본명 **크리스토퍼 프랭크 카랑디니 리**, 영국, 1922~2015)

팀 버튼 감독은 크리스토퍼 리를 뱀파이어로 캐스팅하지 않았지만, 이 배우는 수년 동안 스크린에서 드라큘라 백작으로 출연했기 때문에 이 이야기를 빼고 배우이자 뮤지션인 리를 묘사하는 것은 거의 불가능하다. 리가 입고 나오는 드라큘라 의상은 푸만추★의 옷만큼이나 매력적이다.

크리스토퍼 리는 셀 수 없이 수많은 영화에 출연했으며, 말년에는 <반지의 제왕>에 출연해 블록버스터 출연 배우라는 타이틀을 얻기도 했다.

이 배우는 엄청나게 큰 키와 압도적인 발성, 인상적인 목소리 덕분에 스크린에서 주로 엄격하고 고집스럽거나 권위적인 인물로 등장한다. <슬리피 할로우>에서는 수사관 이카보드 크레인을 슬리피 할로우로 보내는 완고한 판사로, <찰리와 초콜릿 공장>에서는 윌리 윙카의 엄한 아버지로, <다크 섀도우>에서는 바나바스 콜린스의 최면에 걸린 늙은 선장을 연기했다. <유령 신부>의 목사 갤스웰, <이상한 나라의 앨리스>의 붉은 여왕이 거느리는 괴물 재버워키, <프랑켄위니> 드라큘라 백작의 목소리로도 출연했다.

크리스토퍼 리의 안식을 빌며.

★ 푸만추 : 영국 작가 색스 로머가 창조한 세계 정복의 야망을 가진 중국인 악당으로 마블 코믹스에 등장한다

에바 그린

(프랑스, 1980년~)

배우이자 모델인 에바 그린이 팀 버튼 영화에 등
장한 것은 그리 오래되지 않았다. 앞으로 한동안 버튼
의 작품에서 이 배우를 만나기란 어렵지 않아 보인다.

<다크 섀도우>에서는 바나바스 콜린스에게 버림
받고 실제로도 사랑에 실패한 마녀 안젤리크 역으로,
<미스 페레그린과 이상한 아이들의 집>에서는 매로
변신하는 헌신적이고 다정한 미스 페레그린을, <덤보>
에서는 날아다니는 코끼리 덤보를 타고 곡예를 펼치는
곡예사 콜레트 마샹을 연기했다.

DIMENSIÓN
ESPACIO TEMPORAL
시공간 차원

우주의 모든 물리적 사건이 일어나는 곳

스톱 모션 기법과 세트 및 소품들

스톱 모션

정지된 사물의 위치를 조금씩 수정하여 그것을 일일이 촬영한 뒤 순서대로 나열하면 마치 계속해서 움직이는 것처럼 느껴지는데, 이 영화 촬영 기술 혹은 기법을 '스톱 모션 애니메이션' 혹은 '스톱 모션'이라 한다.

팀 버튼은 자신의 영화에 이 기법을 즐겨 사용하는데, 레이 해리하우젠을 향한 향수이자 오마주이다.

팀 버튼은 <빈센트>나 <크리스마스 악몽> <유령 신부> <프랑켄위니>처럼 작품 전체를 스톱 모션 기법으로 찍기도 했지만, 일부 작품에서는 특수효과로 사용하기도 했다. <피위의 대모험>에서 등장인물의 얼굴이 기괴하게 변하는 모습이나 <화성침공>에서 화성인들의 어색한 움직임은 스톱 모션 기법을 적절히 사용한 예다. 이것은 마치 팀 버튼이 젊은 시절 탐닉했던 B급 영화들의 특수 효과를 연상시킨다.

결국 스톱 모션 애니메이션 같은 고전 애니메이션은 디지털 애니메이션에 밀려났고, 컴퓨터가 모든 걸 책임지는 시대가 오고 말았다.

피규어와 미니어처

어항 속을 아름답게 꾸미는 장식품 혹은 은밀한 것이 숨겨진 공간으로 통하는 비밀의 문, 은신처로 쓰이는 집이나 망자가 아끼던 소품. 팀 버튼 감독은 건축물이나 장식품에 관심이 많다. 단, 크기가 작은 것에 한해서다

　　<가위손>에 나오는 에드워드의 성, <다크 섀도우>의 바나바스 콜린스 저택, <배트맨>의 고담 시 같은 건축물들은 실존하는 건물이 아니라, 팀 버튼 사단의 미술팀이 만들어낸 미니어처들이다. 이 미니어처 세트는 관객들이 마치 그곳이 현실에 존재하는 장대한 장소라고 믿을 만큼 정교하고 치밀하다.

　　어쩌면 이곳에 팀 버튼 영화의 마법이 숨어 있을지도 모른다.

"왜 문이 요만해요?"
"초콜릿 향이 새어나오지 못하게!"
-<찰리와 초콜릿 공장> 중에서

빅토리아 양식(혹은 빅토리아풍)

어두침침하거나 컴컴한 방, 하늘거리는 커튼, 고딕 양식(고딕풍)과 빅토리아 양식(빅토리아풍)의 저택들은 팀 버튼 작품의 트레이드 마크. 버튼은 무시무시하고 음울하며 낡고 먼지 쌓인 집과 나무 울타리가 있는 정원을 좋아한다.

<미스 페레그린과 이상한 아이들의 집>에 등장하는 늪과 저택을 비롯해 벽에 걸린 액자 하나까지, 디테일에 엄청난 공을 들인 것으로 유명하다. <다크 섀도우>의 바나바스 콜린스의 저택도 마찬가지다.

팀 버튼 영화에 등장하는 아름다운 집을 말하자면 이 책의 지면을 다 써도 모자랄 지경이다.

TRIPULANTES DEL TIM 13

팀 13호

촬영 및 기술, 음악, 의상 스태프들

특별하고 구체적이며 결정적인 역할을 맡은 사람들

우주선 팀 13호가 항해하는 곳이 팀 버튼 유니버스인만큼, 승무원들은 그 분야 최고의 전문가들로 구성되어 있다.

브루노 델보넬, 필립 루셀롯, 다리우시 볼스키 및 스테판 크자프스키는 촬영 미션을, 존 오거스트는 여러 차례 각본 미션을 수행했다. 이들 중 주목해야 할 두 사람은 단연 음악과 의상 담당 승무원이다.

대니 엘프만   콜린 앳우드

(본명 **대니 로버트 엘프만**, 미국, 1953년~).

    작곡가이자 뮤지션, 싱어송라이터에 음반 프로듀서이기도 한 엘프만을 빼고 팀 버튼의 영화를 상상하기란 불가능하다.

    <피위의 대모험>으로 팀 버튼 감독과 손발을 맞춘 엘프만은 팀 버튼 영화의 거의 모든 작품에서 음악을 담당했다. 그러다 <크리스마스 악몽>을 촬영하면서 둘 사이에 의견 차이가 생겼고, 버튼은 <에드 우드> 이후 몇 편의 영화를 다른 음악 감독과 함께했다. 엘프만은 <화성 침공>을 시작으로 버튼과 다시 작업하게 되었고, 이후 <스위니 토드>와 <미스 페레그린과 이상한 아이들을 집>을 제외한 팀 버튼 영화의 음악을 맡았다.

    대니 엘프만은 네 번이나 미국 아카데미상 음악상 후보에 올랐지만, 아쉽게도 단 한 차례도 수상하지 못했다.

    팀 13호의 미션과는 별개로, 엘프만은 애니메이션 <심슨 가족>의 메인 테마 작곡가이기도 하다.

(미국, 1948년~)

    패션 디자이너인 앳우드는 <가위손>과 <슬리피할로우>의 아름답고도 멋진 옷을 만들어낸 장본인이다. 그는 영화 <에드 우드>와 <화성 침공>에서 각각 리사 마리에게 타이트한 드레스를 입혀 완벽한 뱀파이어와 화성인을 그려 냈다. <빅 피쉬>를 비롯해 <빅 아이즈> <다크 섀도우> <스위니 토드> <미스 페레그린과 이상한 아이들의 집> <덤보>의 의상도 모두 앳우드의 손끝을 거친 것들이다.

    앳우드는 미국 아카데미상 의상상 후보에 12회나 이름을 올렸고 네 차례나 수상했는데, 그 가운데 하나가 <이상한 나라의 앨리스>이다.

SISTEMA PLANETARIO

행성계

중심 별(또는 여러 개) 주위를
공전하는 행성으로 이루어진 곳

팀 버튼의 영화들(필모그래피)

팀 버튼은 대본의 좋고 나쁨으로 작품을 결정하지 않는다. 자신을 매혹시키는 작품인지 아닌지로 판단한다. 감정과 본능에 충실한 사람이기 때문일 것이다.

<아고르 박사의 섬>은 1971년, 13세의 버튼이 만든 첫 단편 애니메이션이다. 그뒤 1979년, 캘리포니아 예술대학 재학 중에 제작한 단편 애니메이션 <셀러리 괴물의 줄기>로 버튼은 디즈니사에 입성한다.

디즈니에서 애니메이션 제작 파트 인턴으로 일하는 동안 팀 버튼은 자신의 정체성에 끊임없이 의문을 품어야 하는 힘든 시간을 보냈다. 그 시간동안 버튼은 완성되지 않은 배를 타고 거친 바다를 항해하는 것과 같은 상태였다.

그러던 차에 버튼에게 디즈니의 전설적인 애니메이터 글렌 킨과 함께 일할 기회가 왔다. 1981년에 발표된 장편 애니메이션 영화 <토드와 코퍼> 작업이었다. 킨은 좋은 사람이었지만 그가 요구하는 귀엽고 따뜻한 그림을 그리는 동안 버튼은 자신이 꿈꾸던 것과 전혀 다른 그림을 그려야 한다는 사실에 무척 고통스러워했다. 이듬해 버튼은 <트론>의 제작에 참여했으며, 1985년에는 <타란의 대모험>에 등장하는 크리처 콘셉트 작업을 맡게 되었다. 이 일은 버튼에게 안성맞춤이었다. 하지만 결국 디즈니사는 버튼의 결과물을 전혀 사용하지 않았고, 이로 인해 버튼은 회사 생활에 의구심을 품기 시작한다.

버튼은 한쪽 발만 회사에 담근 채 우울하고 지루한 나날을 보냈다. 그러던 어느 날 마침내 한 줄기 빛이 버튼을 비췄다. 버튼의 재능을 눈여겨보던 일부 디즈니 경영진이 그에게 공간과 자금을 제공하며 독자적으로 작업할 수 있는 기회를 제공한 것이다. 버튼은 때가 왔음을 직감했고, 그 기회를 잘 활용했다. 그렇게 탄생한 <빈센트>는 버튼의 내면과 본질을 깊이 드러내는 단편 애니메이션이었지만, 디즈니사는 우울하고 그로테스크하다는 이유로 홍보와 상영 계획을 철회했다.

그뒤 버튼은 TV 시리즈 <어메이징 스토리> 시즌 2의 16번째 에피소드 <패밀리 독>의 애니메이션 디자이너로 참여했다.

더불어 디즈니 채널에 방영될 그림 형제의 동화를 기반으로 한 단편 영화 <헨젤과 그레텔>을 제작하기도 했다. 이 작품은 실제 배우와 작업한 버튼의 첫 실사 영화이기도 하다. 당시 일본 문화에 심취해 있던 버튼은 모든 배우를 미국계 동양인으로 캐스팅했으며 일본 장난감과 동양 무술도 간간이 등장한다.

1984년, 버튼은 고전의 반열에 오른 제임스 웨일 감독의 영화 <프랑켄슈타인>을 바탕으로 한 흑백 애니메이션 <프랑켄위니>를 제작한다. 버튼은 이 작품에서 죽은 반려견 스파키를 되살리는 소년 빅터 프랑켄슈타인을 등장시킨다. 이 작품은 애초에 <피노키오>와 함께 극장에서 상영될 예정이었지만 음울한 배경과 정서가 어린이에게 적합하지 않다는 이유로 전체 연령 관람 가능 등급을 받지 못했다.

그뒤 <프랑켄위니>에 출연했던 배우 셜리 듀발은 자신이 제작하는 TV 시리즈 <동화 극장>의 에피소드 한 편을 버튼에게 맡겼다. 버튼은 자신이 감독한 이 시리즈의 <알라딘과 요술 램프>에 만족하지 못했고, 결국 이 일을 계기로 누군가의 의뢰를 받아 영화를 제작하는 것이 자신에게 적합하지 않다는 중요한 결론에 도달했다.

나는 일을 망치면 제대로 망칩니다.
나를 외주제작자로 취급하면
큰 실수를 하는 겁니다.
정말 쓰레기 같은 결과물을
보게 될 테니까요.

《*Burton on Burton* 팀 버튼이 말하는
팀 버튼》(마크 솔즈베리 저)

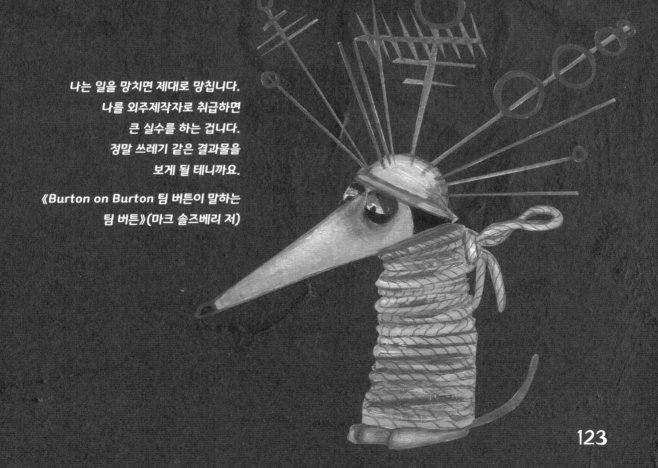

원제 : Vincent
개봉 연도 : 1982년
상영 시간 : 6분
각본 : 팀 버튼
음악 : 켄 힐튼
사진 : 빅터 압달로프

앞서 언급했듯이 <빈센트>는 버튼이 위기 상황에 놓여 있을 때 탄생한 작품이다. 디즈니라는 조직에 절망을 느낀 바로 그 무렵, 회사는 버튼에게 이 놀라운 스톱 모션 애니메이션 영화의 제작을 맡겼다. 게다가 이 영화의 내레이션은 버튼이 그토록 존경하고 사랑해 마지않는 배우 빈센트 프라이스가 맡았다.

이 영화는 기괴하고 섬뜩한 상상을 하는 음울한 소년 빈센트 말로이의 이야기를 담고 있다. 소년은 가족들에게 낯설고 불가해한 존재이며, 소년의 상상은 늘 부모의 간섭으로 좌절되고 만다.

작품의 기하학적인 배경과 세트, 인물의 그림자, 죽음과 공포라는 테마, 극적인 명암 대비는 독일 표현주의 영화의 영향이 느껴진다. 과학자와 살인자를 동시에 꿈꾸는 소년의 열망은 이 작품을 공포 영화의 고전으로 만들었다.

하지만 디즈니는 결국 이 작품의 결말을 받아들이지 못했다. 달콤하고 사랑스러운 것을 좋아하는 그들에게는 지나치게 거칠고 혹독한 것이었으리라. 그럼에도 <빈센트>는 버튼과 프라이스에게 접점을 마련해 주었고, 세대를 초월한 아름다운 우정을 싹트게 했다.

Frankenweenie

프랑켄위니

원제 : Frankenweenie
개봉 연도 : 1984년
상영시간 : 26분
각본 : 레너드 립스
음악 : 마이클 콘베르티노, 데이비드 뉴먼
촬영 : 토마스 E. 에커맨
제작사 : 월트 디즈니 픽쳐스
출연진 : 바렛 올리버, 셜리 듀발, 다니엘 스턴, 조셉 마허, 로즈 브레이버먼, 폴 바르텔, 소피아 코폴라, 제이슨 허비, 폴 C 스콧, 헬렌 볼, 스파키, 러스티 제임스

<빈센트> 이후 버튼은 실제 배우들과 함께 또 다른 단편을 촬영한다. 그는 1935년에 발표된 제임스 웨일 감독의 흑백 고전 영화 <프랑켄슈타인>과 <프랑켄슈타인2-프랑켄슈타인의 신부>를 재해석한 영화, <프랑켄위니>를 내놓았다.

영화를 좋아하는 소년 빅터 프랑켄슈타인은 반려견이자 자신이 만든 영화의 주인공인 스파키를 사고로 떠나보내게 된다. 과학 수업 시간에 영감을 받은 빅터는 전기의 힘으로 죽은 개를 되살리기로 결심한다. 이 결심의 산물 때문에 가족은 물론 마을 사람들은 공포에 떨게 된다.

하지만 디즈니사는 이 작품 또한 탐탁지 않게 여겼고, 결국 팀 버튼은 그동안 몸담았던 조직을 떠난다.

LA GRAN AVENTURA DE
PEE-WEE

피위의 대모험

원제 : Pee-Wee's Big Adventure
개봉 연도 : 1985년
상영 시간 : 90분
각본 : 필 하트만, 폴 루벤스, 마이클 바홀
음악 : 대니 엘프만
촬영 : 빅터 J. 켐퍼
제작사 : 워너 브라더스 픽쳐스
출연진 : 폴 루벤스, 엘리자베스 데일리, 마크 홀튼, 다이안 샐린저, 주드 오멘, 어빙 헬먼, 몬테 랜디스, 데이몬 마틴, 모건 페어차일드, 제임스 브롤린

피위 허먼(폴 루벤스 분)은 자전거를 좋아하는 동심 가득한 어른이다. 어느 날 쇼핑센터 주차장에 쇠사슬로 묶어 둔 자전거가 사라지자, 피위는 자전거를 되찾기 위해 어디로 튈지 모르는 온갖 모험을 겪는다.

버튼은 피위의 모험이 영화화 되는 과정을 작품 속에 녹여내 영화 산업에 경의를 표했으며, 자신이 열광하는 크리처 캐릭터와 스톱 모션 기술도 담았다.

이 엉뚱한 영화는 버튼의 장편 영화 데뷔작이다. 버튼은 당시 유명 어린이쇼 진행자인 폴 루벤스가 창조한 캐릭터 피위 허먼을 주인공으로 등장시켜 큰 성공을 거두었다. 사운드트랙은 밴드 오잉고 보잉고의 보컬 대니 엘프만에게 맡겼다.

이 작품은 100퍼센트 팀 버튼표 영화라고 하기에는 아쉬운 구석이 많지만 곳곳에서 버튼 스타일이 엿보인다. 더불어 앞으로의 행보에서 반복되어 나타나는 마녀나 발명품, 유령, 광대, 표현주의적인 장식, 부적응자 같은 요소들이 등장한다.

당신은 나와 함께하고 싶어 하지 않는군요.
나는 외톨이에요. 반항아지요.
-피위 허먼

BITELCHÚS 비틀쥬스

원제 : Beetlejuice

개봉 연도 : 1988년

상영 시간 : 93분

각본 : 마이클 맥도웰, 워렌 스카런**(스토리(시나리오)** : 마이클 맥도웰, 래리 윌슨)

음악 : 대니 엘프만

사진 : 토마스 E. 에커만

제작 회사 : 제펜 픽처스

출연 : 마이클 키튼, 알렉 볼드윈, 지나 데이비스, 위노나 라이더, 제프 레이 존스, 애니 매켄로, 실비아 시드니, 글렌 샤덕스, 캐서린 오하라; 휴고 스탠저, 마크 엣렁거, J. 제이 사운더스, 패트리스 마르티네즈, 카르멘 필피, 더글라스 터너 워드, 심미 보우, 신디 달리, 마리 치담, 듀안 데이비슨, 토니 콕스, 딕 카벳, 로버트 골렛, 개리 요킴슨, 아델 러츠, 수잔 켈러만

수상 내역 : 1999년 24회 새턴 어워즈(최우수 분장상), 1989년 61회 미국 아카데미 시상식(분장상), 23회 전미 비평가 협회상(남우주연상), 1988년 14회 새턴 어워즈(최우수 호러, 스릴러상, 최우수 여우조연상, 최우수 분장상)

> 영화 <엑소시스트>를 167번쯤 봤는데,
> 볼 때마다 더 웃겨지는 작품이지!
> -비틀쥬스

<비틀쥬스>는 개인적으로 팀 버튼의 영화 가운데 Top 5안에 꼽는 인기 있는 작품이자, 놓칠 수 없는 작품이다.

어처구니없는 사고로 목숨을 잃고 유령이 된 아담 메잇랜드(알렉 볼드윈 분)와 바바라(지나 데이비스 분)의 집에 강박증에 시달리는 여피족 찰리 디츠(제프리 존스 분)와 그의 아내 딜리아(캐서린 오하라 분)가 이사 오면서 벌어지는 사건을 외설스럽고 풍자적인 시선으로 그려냈다. 아담 부부는 자신들이 공들여 가꾼 집을 망치는 디츠 가족을 쫓아내기 위해 산 자와 죽은 자의 세계를 오가는 귀신계의 생체 퇴치 전문가(바이오 엑소시스트)이자 괴짜 유령인 비틀쥬스(마이클 키튼 분)의 도움을 받기로 한다. 한편 비틀쥬스는 디츠 부부의 딸이자 십 대 고스족인 리디아(위노나 라이더 분)에게 마음을 빼앗긴다.

덕 같은 한심한 사람들과 일하기 싫어.
나랑 상대할만한 사람은 그 딸 밖에 없어.
-비틀쥬스

마이클 맥도웰의 대본에는 기괴한 설정을 비롯해 죽음에 대한 터무니없는 이야기, 특수 효과가 연상되는 장면 등 버튼의 마음을 움직일 만한 요소가 많았다. 버튼은 곧바로 아티스트와 디자이너 등 필요한 전문 인력을 고용할 예산을 확보했다. 특수 효과는 알란 먼로, 프로덕션 디자인은 보 웰치에게 맡겼다.

버튼은 죽음을 유머러스하게 묘사하려고 (감독은 <비틀쥬스>가 <엑소시스트>의 해학적 버전이라고 밝힌 바 있다) 돈을 아낌없이 쏟아 부었으며, 특수 효과를 위해서는 최신 기술이 아닌 어린 시절에 보았던 영화들을 복습했다. 음악은 <빈센트>에서 합을 맞춘 대니 엘프만과 다시 한 번 더 손을 잡지만, 해리 벨라폰테의 앨범 <칼립소>의 'Day-O - The Banana Boat Song'도 사운드트랙에 수록되어 있다.

<비틀쥬스>는 흥행에 성공했으며, 미국 아카데미 시상식 분장상을 수상했다.

덧 : 영화 제목이기도 한 주인공 비틀쥬스는 영화 전체를 통틀어 고작 17분만 등장한다.

BATMAN

배트맨

원제 : Batman

개봉 연도 : 1989년

상영 시간 : 121분

각본 : 샘 햄, 워렌 스카런

음악 : 대니 엘프만, 프린스

제작사 : 워너 브라더스 픽처스

출연진 : 마이클 키튼, 잭 니콜슨, 킴 베이싱어, 로버트 월, 팻 힝글, 빌리 디 윌리엄스, 마이클 고프, 잭 팰런스, 제리 홀, 트레이시 월터, 리 윌리스, 윌리엄 훗킨스, 필립 탠

수상 내역 : 1990년 62회 미국 아카데미 시상식(미술상)

달밤에
악마와 춤춰 본 적이 있나?
-조커

어둠의 도시 고담 시에 불길한 오색 그림자가 드리운다. 사악한 웃음을 터뜨리는 그림자는 무고한 시민들을 죽이고 도시를 '예술적으로' 파괴하려 한다. 그러나 암흑 속에서 검은 그림자 하나가 파괴자를 기다리고 있다. 배트맨, 어린 시절의 트라우마와 정신분열증으로 고통 받는 배트맨은 어떤 대가를 치르더라도 악의 지배로부터 도시를 지키려 한다.

배트맨은 슈퍼 히어로 망토를 걸친 부적응자인 동시에, 자신의 파티에서조차 존재감이 없는 '가없은 부자 청년'이다. 중요한 일을 안전하게 수행하기 위해 다른 사람이 되어야 하는 그는, 망토가 달린 배트 슈트를 입고 복면을 쓰며 변신을 한다.

팀 버튼은 원작 만화의 팬은 아니었지만, 음울함과 이중성을 지닌 배트맨과 조커에게 사로잡혔고, 블록버스터 연출이라는 첫 도전을 감행한다. 감독은 디자이너 안톤 펄스트(미국 아카데미 시상식 미술상 수상자)에게 영국 파인우드 스튜디오★에

음울한 무드가 한껏 느껴지는 어둡고 칙칙한 고담 시 세트를 만들 것을 주문했고, 모든 촬영은 그곳에서 이루어졌다.

호화로운 출연진에도 불구하고, 배트팬★들은 마이클 키튼이 배트맨 역을 맡는다는 것에 대단한 반감을 보이며 제작사로 항의 편지를 보내기까지 했다. 버튼은 설명했다. 배트맨은 근육질의 사나이가 아니다. 자신이 강한 사람이라고 스스로 믿기 위해 변장을 하는 평범한 남자다.

버튼이 가장 매혹된 캐릭터인 조커 역은 잭 니콜슨이 맡았다. 조커는 완전히 정상의 범주 밖에서 살아가는 인물이며, 비틀쥬스처럼 자신의 광기가 주는 자유를 즐기는 인물이다. <배트맨>의 진짜 주인공이 복면을 쓴 박쥐 인간이 아니라 조커가 아니냐는 논란이 일기도 했다.

역시 대니 엘프만이 음악을 맡았고, 뮤지션 프린스도 몇몇 곡의 작곡과 보컬을 맡았다.

★ 파인우드 스튜디오 : 영국 런던 근교의 대규모 영화 스튜디오

★ 배트팬 : DC코믹스 배트맨의 팬들을 가리키는 단어

나는 사람이 죽을 때까지 예술을 해.
나는 인류 최초의 살인 예술가지.
-조커

<배트맨>은 1989년 6월 21일 미국에서 개봉
되었으며, 상영 첫 열흘 동안 총 1억 달러를 돌파한
최초의 영화로 기록되었다.

PESADILLA ANTES DE NAVIDAD

팀 버튼의 크리스마스 악몽

원제 : Tim Burton's The Nightmare Before Christmas
개봉 연도 : 1993년
상영 시간 : 75분
각본 : 캐롤라인 톰슨, 마이클 맥도웰
시 : 팀 버튼
음악 : 대니 엘프만
촬영 : 피트 코재칙
제작사 : 터치스톤 픽쳐스
출연진 : 크리스 서랜든, 대니 엘프만, 윌리엄 히키, 글렌 샤덕스, 켄 페이지, 에드 아이보리, 폴 루벤스

<팀 버튼의 크리스마스 악몽>에 대해 가장 먼저 밝혀 둘 것은 이 영화의 감독이 팀 버튼이 아니라는 사실이다. 이 영화는 버튼이 디즈니 애니메이터로 일하던 시절에 쓴 동명의 시를 바탕으로 만들어진 것이다.

어느 날 버튼은 길을 가다가 쇼윈도 장식이 핼러윈에서 크리스마스로 변하는 것을 보고 다음과 같은 내용의 시 한 편을 구상했다. 핼러윈 타운의

지도자 잭 스켈링튼은 늘 반복되는 핼러윈 준비가 지루하고 싫증난다. 그러던 어느 날 잭은 숲에서 기묘한 문들을 발견하고 그 중 문 하나를 통과해 크리스마스 타운에 가게 된다. 모든 것이 새로운 이곳에서 잭은 산타클로스를 납치하고 그를 대신하기로 결심할 정도로 집착하게 되고, 이로 인해 엄청난 소동이 벌어진다.

호박의 황제, 잭은
해마다 반복되는 일상에 지쳤노라.
-잭 스켈링튼

버튼은 디즈니사의 전 파트너인 헨리 셀릭에게 자신이 오래 전에 쓴 시와 캐릭터 디자인에 대해 이야기하고 감독직을 맡긴다. 이 영화의 제작을 맡은 터치스톤 픽쳐스는 디즈니의 계열사로, 팀 버튼은 이 영화를 계기로 디즈니사와 다시 일하게 된다. 시나리오 작가 캐롤라인 톰슨과 음악 감독 대니 엘프만이 합류했다. 대니 엘프만은 단 6주 만에 사운드트랙을 완성해야 하는 강압적인 상태에 놓여 있었다. 더불어 그는 주인공 잭 스켈링튼의 노래 더빙도 맡아야 했다. 이것이 팀 버튼과 대니 엘프만이 잠시 결별한 이유이기도 하다.

주인공 잭에게 눈이 없다는 설정을 비롯해 누더기 봉제 인형 샐리의 바늘 자국은 <배트맨 2>의 인물 캣우먼의 의상에서 영감을 받은 버튼의 아이디어로, 캣우먼과 샐리 두 인물 모두는 스스로를 재건하는 캐릭터다.

영화 촬영은 제목에 걸맞게 악몽으로 변해 갔다. 스톱 모션에만 3년 이상의 시간과 100명 이상의 인력이 소요되었다.

덧 : 티셔츠, 엽서, 노트, 벽지, 피규어 등 이 영화 캐릭터가 파생시킨 온갖 종류의 굿즈는 엄청난 인기를 끌었다.

EDUARDO
MANOS TIJERAS

가위손

원제 : Edward Scissorhands
개봉 연도 : 1990년
상영 시간 : 98분
각본 : 캐롤라인 톰슨
음악 : 대니 엘프만
촬영 : 스테판 크자프스키
제작사 : 20세기 폭스
캐스트 : 조니 뎁, 위노나 라이더, 다이앤 위스트, 앤서니 마이클 홀, 앨런 아르킨, 캐시 베이커, 빈센트 프라이스, 캐롤라인 아론, 로버트 올리 베리
수상 내역 : 1991년 17회 새턴 어워즈(최우수 판타지영화상)

"날 안아 줘."
"난 그럴 수가 없어."
-킴과 에드워드

에드워드는 '미완성'의 존재로, 혼자 살아가며, 그가 손대는 모든 것은 찢기고 부서지는 등 온전한 형태로 남아있지 못한다. 사랑 받고자 하는 그의 열망은 사랑을 표현하지 못하는 무능력과 충돌한다. 파스텔 색채로 물든 마을을 배경으로 펼쳐지는 아름다운 판타지 버전의 프랑켄슈타인이라고 할 수 있다.

<배트맨> 이후 팀 버튼은 오롯한 자신만의 영

144

화를 꿈꿨고, 버튼은 자신의 생각을 정확하게 짚어 낸 젊은 소설가 캐롤라인 톰슨에게 각본을 의뢰했다.

손이 아닌 가위로 그림을 그린 한 소년의 이야기에서 모티브를 얻은 작가와 감독은 거부할 수 없는 각본을 제작사에 전달한다.

촬영부터 세트, 인테리어 디자인, 발명가의 저택, 발명품, 음악, 색상, 의상, 심지어 위노나 라이더의 금색 가발까지 영화는 매력적인 것들로 가득하다. 마치 영상으로 구현된 순수한 시 한 편을 보는 것 같다.

이 영화는 사회적 꼬리표, 기득권, 위선, 선의로 포장된 악의에 대해 이야기한다. 겉으로는 품위 있고 정상적이며 평온한 공동체가 편견에 가득 찬 위선적인 태도로 순진하고 순수한 마음을 가진 청년을 평가하는 모습에서 관객들은 한 세계의 이중성과 양면성에 대해 생각하게 된다. 이 영화는 버튼의 젊은 시절에 대한 자전적 이야기이자, 그가 자란 마을을 향한 일종의 복수 서사이기도 하다.

의상은 콜린 앳우드가 맡았고, 에드워드의 가위손 등 특수 효과는 스탠 윈스턴이 담당했다.

조니 뎁의 눈빛부터 키치한 배경과 소품, 화장품 외판원이자 킴의 어머니인 다이안 위스트와 빈센트 프라이스의 앙상한 손까지. 이 모든 것들이 <가위손>을 잊을 수 없는 영화로 만든다.

덧 : 폭스사에 따르면 에드워드 역할에는 여러 배우가 거론되었다고 한다. 대표적으로 톰 크루즈는 역할을 거절했고, 게리 올드만은 이야기 자체를 좋아하지 않았다고 전해진다.

가위손 에드워드의 헤어스타일은 영국의 록밴드 더 큐어의 보컬, 로버트 스미스의 스타일에서 영감을 받은 것이다.

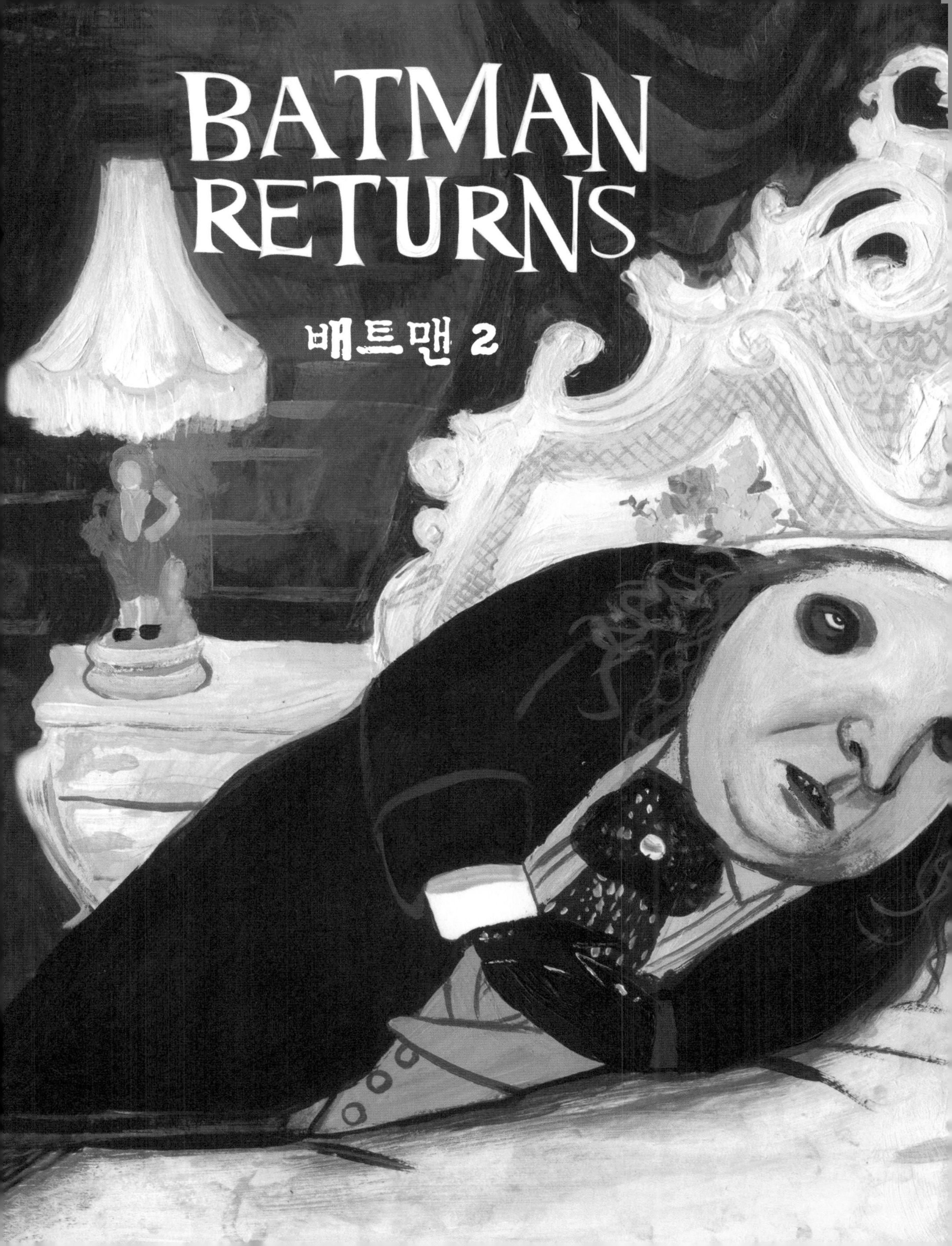
BATMAN RETURNS
배트맨 2

원제 : Batman Returns
개봉 연도 : 1992년
상영 시간 : 130분
각본 : 다니엘 워터스 (시놉시스(스토리) :
다니엘 워터스, 샘 햄 / 원작 : 밥 케인)
음악 : 대니 엘프만
사진 : 스테판 크자프스키
제작사 : 워너 브라더스 픽쳐스, 폴리그램 필
름드 엔터테인먼트
출연진 : 마이클 키튼, 대니 드비토, 미셸 파
이퍼, 크리스토퍼 월켄, 마이클 고프, 마이클
머피, 크리스티 코너 웨이, 앤드류 브리니아스
키, 팻 힝글, 빈센트 쉬아벨리, 더그 존스
수상 내역 : 1992년 18회 새턴 어워즈(최우
수 분장상)

놈을 잡을 생각만 해도 기분이
더러워.
-캣우먼

제목에서 알 수 있듯이 배트맨이 돌아왔다. 악당들이 활개치는 고담 시는 한 번 더 그의 활약이 필요하다. <배트맨 2>의 악당은 불쾌한 검은 타액을 흘리는 돌연변이 펭귄맨, 불편해 보이는 점프 수트를 입은 캣우먼, 그리고 부도덕하고 비열한 사업가 맥스 슈렉이다. 영화의 실질적인 주인공은 1편과 마찬가지로 악당들이다. 그래서 브루스 웨인이자 배트맨은 도움을 요청하는 배트 시그널이 켜질 때까지 저택에서 지루하게 대기한다. 크리스마스 저녁 서커스 갱이 도시를 어지럽히고, 그들이 뿌린 악의 씨앗을 막기 위해 웨인은 기꺼이 슈퍼 히어로로 의상을 입는다.

사실 버튼은 이 인간 박쥐가 나오는 영화의 속편을 만들 계획이 전혀 없었다. 하지만 이 영화를 팀 버튼만의 영화로 만들어도 좋다는 제작사의 약속 덕분에 마침내 실행에 옮기게 되고, 덕분에 <배트맨 2>는 버튼 특유의 메시지와 취향과 기호가 가득하다.

영화는 코블폿 부부(폴 루벤스, 다이안 샐린저 분)가 아이를 버리는 장면으로 시작된다. 이들은 <피위의 대모험>에서 각각 피위와 시몬 역을 연기하기도 했다.

영화에서 보여지는 바대로 고담 시는 1927년에 발표된 프리츠 랑 감독의 영화 <메트로폴리스>를 연상시킨다. 이외에도 명암 대비와 인물의 캐릭터화, 배트맨-브루스웨인을 비롯해 캣우먼-셀리나 카일(미셸 파이퍼 분), 펭귄맨-오스왈도 코블폿(대니 드비토 분) 등 인물들의 양면성까지, <배트맨 2>는 독일 표현주의 영화의 영향이 전반에 뚜렷이 드러난다. 마지막으로 버튼은 무자비하고 야심찬 사업가 맥스 슈렉(크리스토퍼 월켄 분)의 이름을 빌려 무르나우 감독의 영화 <노스페라투>를 오마주한다.

일부는 캣우먼을 사도마조히스트★라고 평가하고, 악당들이 주인공보다 더 우위를 점하는 영화라고 깎아내린다. 하지만 버튼은 왕따와 분별력 있는 괴물들, 소수자의 편에 서서 캐릭터를 구축한 것일 뿐이고, 이종(異種)간의 사랑 또는 갈망을 자유롭게 표현한 것이라고 설명했다.

이 영화에서 관객의 시선은 두말할 것 없이 매력적인 캣우먼을 향한다. 영화 속 쇼핑센터 경비원의 대사처럼 말이다. "죽여 버리기엔 너무 아까운데."

★ 사도마조히스트 : 가학피학증 환자

ED WOOD

에드 우드

원제 : Ed Wood
개봉 연도 : 1994년
상영 시간 : 124분
각본 : 스콧 알렉산더, 래리 카라스제우스키
음악 : 하워드 쇼어
촬영 : 스테판 크자프스키
제작사 : 터치스톤 픽쳐스
출연진 : 조니 뎁, 마틴 랜도, 패트리샤 아퀘트, 사라 제시카 파커, 빌 머레이, 리사 마리, 제프리 존스, 빈센트 도노프리오, G.D. 스프라들린, 줄리엣 랜도, 마이크 스타, 브렌트 힌클리, 맥스 카셀라
수상 내역 : 1995년 67회 미국 아카데미 시상식(남우조연상, 분장상), 20회 LA 비평가 협회상(남우조연상, 촬영상, 음악상), 20회 새턴 어워즈(최우수 남우주연상, 최우수 음악상), 1회 미국 배우 조합상(영화부문 남우조연상), 52회 골든 글로브 시상식(남우조연상), 29회 전미 비평가 협회상(남우조연상)

지금까지 본 것 중 최악이에요?
다음엔 좀 낫겠죠.
-에드 우드

<에드 우드>에는 1950년대 B급 영화를 따뜻하게 바라보는 시선이 존재한다. 버튼은 터무니없는 숭배의 함정에 빠지지 않고 에드워드 데이비스 우드 주니어에게 경의를 표했다.

사상 최악의 영화감독 에드 우드는 자신을 영화에 바치는 꿈을 꾼다. 그리고 그 꿈을 이룬다. 비록 그 영화가 관객이 외면하는 최악의 것이었을지라도. 이 저예산 비극 코미디 영화 <에드 우드>는 실존한 괴짜 감독과 그의 우정에 관한 것이다.

래리 카라스제우스키와 스콧 알렉산더는 <주니어는 문제아> 같은 어린이 영화 시나리오 작가로 활동했다. 어린이물에 얼마간 지친 둘은 다른 장르의 대본을 써 버튼과 데니스 디 노비의 제작사에 제안한다. 팀 버튼은 이 대본에 열광했고 감독직을 자처했다.

<글렌 혹은 글렌다> <괴물의 신부> <외계로부터의 9호 계획> 등을 연출한 영화 감독 에드 우드(본명 에드워드 데이비스 우드 주니어)는 80년대 초반, 최악의 영화에 수여하는 황금 칠면조상 시상식에서 사상 최악의 감독으로 선정되면서 컬트 무비 감독으로 재조명되었다. 그는 앙고라 스웨터를 즐겨 입고 여장을 좋아하는 호기심 많은 사람이었고, 비슷한 취향과 생각을 가진 추종자들과 늘 함께였다. 우드는 노쇠한 데다 약물에 절은 왕년의 배우 벨라 루고시를 자신의 영화에 출연시켜 부활시킨다. 우드와 루고시의 관계는 마치 버튼과 프라이스와의 관계와 유사하다.

소외되고 불가해한 사람들, 비주류라는 이유로 도망치고 숨어야 하는 존재들, 아이러니와 유머, 묘지와 괴물까지, <에드 우드>는 팀 버튼적인 수많은 요소들이 담긴 전기 영화다. 버튼은 자신의 상상력으로 실제 인물의 이야기를 다루고 그들이 전달하는 감정에 따라 캐릭터를 만들어 냈다.

이 아름다운 흑백 영화는 디즈니사가 제작했으며, 조니 뎁이 주인공 에드 우드 역할을 맡았다. 이 영화로 미국 아카데미 시상식 남우조연상을 수상한 마틴 랜도가 루고시 역을, 빌 머레이가 버니 브렉킨리지 역을, 제프리 존스가 크리스웰 역을, 리사 마리가 뱀피라 역을, 사라 제시카 파커가 에드의 아내인 돌로레스 풀러 역을, 패트리샤 아퀘트가 여자친구 캣 오하라 역을 각각 연기했다.

영화는 극적인 동시에 유머로 가득하며 결정적이고도 미친 한 방이 있다.

사운드 트랙은 하워드 쇼어가 맡았는데, 그는 재즈와 라틴 등 다양한 장르와 악기로 편성한 음악들로 관객을 에드 우드의 시절로 데려간다.

<에드 우드>는 1994년 10월에 개봉해 평단의 호평을 받았지만 흥행에는 성공하지 못했다.

사랑과 애정으로 만들어진 캐러멜은 좋은 뒷맛을 남긴다. <에드 우드>도 그렇다.

덧 : 팀 버튼과 대니 엘프만은 전작 <팀 버튼의 크리스마스 악몽> 당시 의견 차이가 벌어져 결국 파트너십이 깨지고 말았다. 결국 이 영화의 크레딧에서는 대니 엘프만의 이름을 볼 수 없다.

MARS ATTACKS!

화성 침공

원제 : Mars Attacks!
개봉 연도 : 1996년
상영 시간 : 106 분
각본 : 조나단 젬스
음악 : 대니 엘프만
사진 : 피터 서스치즈키
제작사 : 워너 브라더스 픽쳐스 / 팀 버튼 프로덕션
출연진 : 잭 니콜슨, 글렌 클로즈, 아네트 베닝, 피어스 브로스넌, 대니 드비토, 마틴 숏, 사라 제시카 파커, 마이클 J. 폭스, 로드 스테이거, 톰 존스
수상 내역 : 1997년 22회 새턴 어워즈(최우수 음악상)

화성인들이 지구에 출현했다! 그들은 도착 자체부터 평화와는 거리가 먼 비열한 악당들이다.

워너브라더스 픽쳐스와 버튼이 함께한 이 영화는 1963년에 발매되어 큰 인기를 끈 트레이딩 카드 게임★을 기반으로 만든 작품이다. 각본은 영국 극작가이자 시나리오 작가인 조나단 젬스가 썼다. 팀 버튼은 1950년대 미국의 B급 공상과학 영화를 패러디하며, 이를 통해 텔레비전과 종교, 군대, 정치, 부통령, 라스베가스의 타락, 도넛 등 미국 사회 전반에 대한 격렬한 비판을 하고자 했다.

> 세상을 정복하려면
> 변호사가 필요해!
> -루드 갬블러

팀 버튼은 특수 분장한 사람이나 인형 대신, 시대에 발맞추어 컴퓨터 애니메이션 기법을 도입했다. 사실 본래 의도는 조잡하고 엉성한 B급 효과를 극대화하기 위한 것이었다. 사운드 트랙은 대니 엘프만이 맡았다. 이 영화는 1996년 12월 미국에서 개봉했다. 영화에서 버튼은 성조기를 불태우고 영웅적인 병사를 죽음에 이르게 하며 심지어 미국 대통령을 죽게 만든다. 이 때문에 미국 평단은 물론 미국 관객의 호불호가 갈렸다. 자국에서는 흥행에 실패했지만, 유럽과 아시아에서는 이런 요소 때문에 흥행 성적이 나쁘지 않았다.

영화는 시종일관 유쾌한 톤이지만, 소외된 청소년의 성장담이나 블랙 유머, 이를테면 무너진 미국 국회의사당에 울려 퍼지는 미국 국가를 멕시코 밴드 마리아치가 연주하는 모습이라든가 그 연주를 듣는 미국인 영웅은 시끄러워 귀를 막는 상황 등 팀 버튼적 요소가 곳곳에 보인다.

덧 : 세계의 재건은 엉뚱한 사람의 손에 달려 있다.

★ 트레이딩 카드 게임 : 수집과 게임을 목적으로 디자인 된 카드 게임을 일컫는 말. collectible card game이라고도 부른다

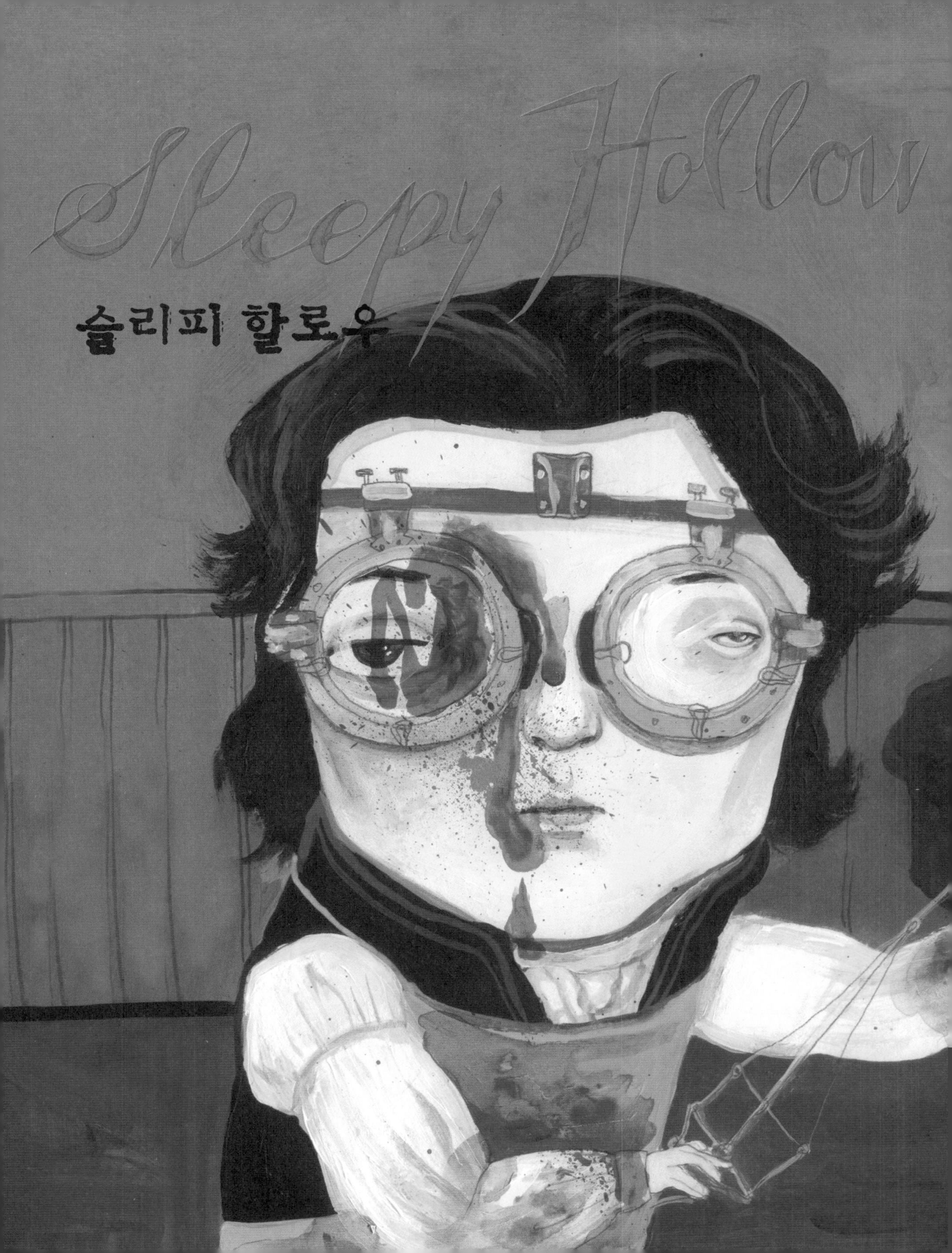
Sleepy Hollow
슬리피 할로우

원제 : Sleepy Hollow

개봉 연도 : 1999년

상영 시간 : 105분

스크립트 : 앤드류 케빈 워커

음악 : 대니 엘프만

촬영 : 엠마누엘 루베즈키

제작사 : 만달레이 픽쳐스 / 스콧 루딘 프로덕션 / 아메리칸 조트로페

출연진 : 조니 뎁, 크리스티나 리치, 미란다 리처드슨, 마이클 갬본, 캐스퍼 반 디엔, 마크 피커링, 리처드 그리피스, 이언 맥디어미드, 제프리 존스, 크리스토퍼 월켄, 마이클 고프, 스티븐 워딩턴, 리사 마리, 크리스토퍼 리, 아런 암스트롱, 클레어 스키너, 마틴 랜도

수상 내역 : 2000년 53회 영국 아카데미 시상식(의상상, 프로덕션디자인상), 72회 미국 아카데미 시상식(미술상), 25회 LA 비평가 협회상(미술상), 25회 새턴 어워즈(최우수 여우주연상, 최우수 음악상)

1820년 워싱턴 어빙의 단편 소설 <슬리피 할로우의 전설>에 기반한 이 영화는 1784년 뉴욕 근교의 마을 슬리피 할로우에서 일어난 일을 그린다. 과학적인 수사로 공정한 판결을 해야 한다고 주장하는 수사관 이카보드 크레인은 그곳에서 일어나는 연쇄 살인 사건을 파헤치기 위해 파견되고, 머리 없는 기병 호스맨이 사람들의 목을 베는 현장을 목격한다.

주연을 맡은 조니 뎁은 고딕 호러 영화의 세계로 관객을 데려간다. 영화는 마치 1950년대 해머 필름 프로덕션★의 공포 영화나 1930년대 미국의 고전 공포 영화를 연상케 한다. 하지만 버튼 특유의 블랙 유머는 역시 빠지지 않는다.

감독은 영국의 한 저수지 근처에 슬리피 할로우 세트장을 지었다. 컴퓨터 그래픽은 최소화하고 실제 세트와 소품을 최대한 활용해 고전 영화의 느낌을 살리려고 애썼다. 영화의 99%는 미술 감독 릭 하인리츠가 만든 세트에서 촬영되었는데, 그는 오늘날 대중들에게 익숙하지 않은 설정, 꿈을 꾸는 듯한 몽환적인 느낌을 성공적으로 재현했다. 촬영 감독 엠마누엘 루베즈키는 세트에 걸맞게 어둡고 희미한 톤으로 영화를 촬영했는데, 이로 인해 영화는 마치 로저 코먼 감독의 영화 혹은 마리오 바바 감독★의 1960년 작품 <사탄의 가면>을 연상시킨다.

조니 뎁 이외에도 크리스티나 리치, 크리스토퍼 월켄, 리사 마리, 제프리 존스, 크리스토퍼 리, 마이클 고프 등이 출연한다.

영화 속 멋진 음악과 화려한 의상은 이제 말하지 않아도 알만한 사람들의 작품이다.

★ 해머 필름 프로덕션 : 영국 공포 영화 전문 제작사

★ 마리오 바바 감독 : 이탈리아 공포 영화 지알로 장르의 대부

"시신을 움직였죠?"

"예."

"시신은 절대 움직이면 안 됩니다."

"왜요?"

"그야⋯⋯."

-이카보드 크레인과 토마스 랜카스터

원제 : Planet of the Apes

개봉 연도 : 2001년

상영 시간 : 120분

각본 : 윌리엄 브로일리스 주니어, 로렌스 코너, 마크 로젠덜

원작 : 피에르 불

음악 : 대니 엘프만

촬영 : 필립 루셀롯

제작사 : 자눅 컴퍼니, 20세기 폭스 배급

출연진 : 마크 월버그, 헬레나 본햄 카터, 팀 로스, 에스텔라 워렌, 폴 지아마티, 마이클 클락 던칸, 크리스 크리스토퍼슨, 캐리 히로유키 타가와, 데이비드 워너, 찰턴 헤스턴, 에릭 아바리, 글렌 샤딕스, 리사 마리, 존 알렉산더

수상 내역 : 2002 22회 골든 라즈베리 시상식(최악의 남우조연상, 최악의 여우조연상, 최악의 속편상)

1963년에 출간된 피에르 불의 디스토피아적 소설, 《혹성 탈출》은 1968년 찰턴 헤스턴 주연의 동명의 영화를 비롯해 각기 다른 버전의 영화와 TV시리즈로 만들어졌다. 팀 버튼의 <혹성 탈출>은 소설 원작에 더 충실하게 만들어진 작품이다. 인간과 비슷한 지능을 가진 유인원이 세상을 지배하고 인간을 잔인하게 길들여 노예로 부린다는 이야기는 마치 우리에게 거울을 보는 듯한 느낌을 준다.

감독은 굉장히 제한적인 환경에서 작업했고, 그 압박감 때문에 작품은 그다지 빛을 발하지 않는다. 기존의 팀 버튼표 작품과는 결이 다르지만 그럼에도 미적인 면에서 버트니안들을 실망시키지 않는다. 이 영화가 아니었다면 팀 버튼은 헬레나 본햄 카터와 연인이 되지 못했을 것이고 아이도 갖지 못했을 것이다. 감독 개인적으로는 그것만으로도 가치가 있는 작품이라고 할 수 있겠다.

인간을 저렇게 야만적으로 다루다니.
우리도 저급한 인간과 다를 게 없어.
-아리

BIG FISH
빅 피쉬

원제 : Big Fish
개봉 연도 : 2003년
상영 시간 : 126분
각본 : 존 오거스트 (**원작 소설** : 다니엘 월러스)
음악 : 대니 엘프만
촬영 : 필립 루셀롯
출연진 : 이완 맥그리거, 알버트 피니, 빌리 크루덥,
제시카 랭, 앨리스 로먼, 헬레나 본햄 카터, 스티브
부세미, 대니 드비토, 마리옹 꼬띠아르, 제프 캠벨,
미시 파일, 로버트 길럼, 데이비드 덴맨, 루던 웨인
라이트 3세, 딥 로이, 마일리 사이러스
수상 내역 : 2005년 10회 홍콩금자형장(10대외
국어영화상)

**인생의 사랑을 만나면
시간이 멈춘단 말은
진실이야.
-청년 에드워드 블룸**

이것은 어느 위대한 이야기꾼의 이야기다.

<빅 피쉬>의 각본을 쓴 존 오거스트는 어느 날 다니엘 월러스의 소설 <빅 피쉬>가 들어 있는 소포 상자를 받게 된다. 책을 집어든 오거스트는 다소 혼란스럽고 기이하다고 여겼지만 이내 이야기의 아름다움에 압도당한다. 오거스트는 마치 자신이 주인공 에드워드 블룸의 아들 윌처럼 느껴졌고, 곧바로 대본 작업을 시작하기에 이른다. 대본이 완성되기까지는 오랜 시간이 걸렸고 수년이 지나서야 마침내 버튼에게 전할 수 있었다. 감독은 이 놀라운 원고에 빠져들었으며 어떤 수정도 요구하지 않았다.

<빅 피쉬>의 두 주인공, 아버지와 아들은 사이가 썩 좋지 않다. 하지만 둘은 세월을 뛰어넘어 경이로운 인물들과 불가능한 사건들을 마주하면서 관계를 회복해 간다. 모험과 환상, 로맨스로 가득한 이 영화는 누구라도 반하지 않을 수 없다.

영화 속에는 아름다운 환상과 혹독하고 고통스러운 현실 사이의 완벽한 균형이 존재한다. 아름다운 마법의 리얼리즘, 쌍둥이, 마녀, 서커스, 섬세하고 지각 있는 몬스터와 추방자들, 삶의 진실과 거짓, 추함과 아름다움를 이야기하는 이 우화는 버튼의 영감과 욕구를 크게 자극했다. 일부 제작자들의 말에 따르면 버튼은 '이 영화를 빨리 찍고 싶어 죽겠어.'라고 할 정도였다고. 대니 엘프만의 음악과 콜린 앳우드의 의상, 이완 맥그리거와 알버트 피니의 연기는 서로 다른 역할과 매력으로 주인공 에드워드 블룸에게 생명을 불어넣었다.

<빅 피쉬>는 눈물을 부르는 감동적인 영화다.

**이렇게 꼼짝 못하고 죽어가는 건
내 평생 가장 최악의 일이야.
-노년 에드워드 블룸**

Charlie Y LA FÁBRICA DE CHOCOLATE

찰리와 초콜릿 공장

원제 : Charlie and the Chocolate Factory

개봉 연도 : 2005 년

상영 시간 : 115 분

각본 : 존 오거스트

음악 : 대니 엘프만

촬영 : 필립 루셀롯

제작사 : 워너 브라더스 픽처스, 빌리지 로드쇼 픽처스

출연진 : 조니 뎁, 프레디 하이모어, 데이비드 켈리, 딥 로이, 헬레나 본햄 카터, 노아 테일러, 제임스 폭스, 줄리아 윈터, 미시 파일, 안나소피아 롭, 아담 고들리, 조던 프라이, 크리스토퍼 리, 프랜지스카 트로에그너, 필립 위그래츠, 에일린 에셀, 리즈 스미스, 데이비드 모리스, 니틴 가나트라

수상 내역 : 2006년 11회 크리틱스 초이스 시상식(신인남우상)

착하고 책임감 있으며 사려 깊은 소년 찰리(프레디 하이모어 분)는 보기만 해도 무너질 것 같은 오두막에서 소박하고 진실한 가족과 함께 살아간다. 그리고 어느 날, 초콜릿 포장지에서 인생의 새로운 문을 열어 줄 윌리 웡카(조니 뎁 분)의 황금 티켓을 찾는다. 티켓을 찾은 사람은 찰리를 비롯해 모두 5명. 아이들은 자신만의 소원을 품고 윌리 웡카의 초콜릿 공장으로 간다.

영국 작가 로알드 달의 동명의 동화를 바탕으로 만들어진 이 영화는 웡카의 엄격한 아버지가 등장하는 등 원작과는 다른 약간의 변주가 있다.

영화 초반부에는 세트장과 눈 덮인 도시 풍경과 의상 등 다양한 시각적 요소들이 압도적으로 다가

온다. 윌리 웡카 역을 맡은 조니 뎁의 새로운 연기 시도는 단지 시도에 그치고 말지만 영화는 여전히 재미있다. 의심할 여지없이 최고의 등장인물은 움파룸파 족(딥 로이 분)이다.

영화 속에서 차례로 공개되는 웡카의 공장은 화려한 최신 기술이 가득하며, 세트나 소품 등 사소한 디테일 하나도 놓치지 않는 감독의 취향이 고스란히 드러난다.

버튼은 빈센트 프라이스가 주인공으로 나오는 고전 공포 영화의 몇 장면을 오마주했다. 다섯 어린이가 윌리 웡카 공장에 막 들어서는 순간, 서커스 인형들을 불태우는 장면은 영화 <밀랍의 집>을 연상케 한다.

여기 있는 모든 건 먹을 수 있어. 날 포함해서.
물론 날 먹으면 식인종이 되지. 야만인 취급을 받아.
-윌리 웡카

La Novia Cadáver

유령 신부

원제 : Corpse Bride

개봉 연도; 2005년

상영 시간 : 75분

각본 : 존 오거스트, 캐롤라인 톰슨, 파멜라 페틀러

음악 : 대니 엘프만

촬영 : 애니메이션, 피트 코재칙

제작사 : 워너 브라더스 픽처스, 라이카 엔터테인먼트, 파탈렉스 프로덕션, 윌 빈튼 스튜디오

출연진 : 조니 뎁, 헬레나 본햄 카터, 에밀리 왓슨, 리처드 E. 그랜트, 크리스토퍼 리, 마이클 고프, 조안나 럼리, 앨버트 피니, 트레이시 울만

수상 내역 : 2006년 31회 새턴 어워즈(최우수 애니메이션상)

겁 많고 우둔하며 예민한 청년 빅터는 빅토리아와의 결혼을 앞두고 있다. 그런데 결혼식 리허설을 하는 동안 놓아서는 안 되는 곳에 결혼 반지를 놓는 실수를 범하고 만다.

팀 버튼은 애정하는 스톱 모션 애니메이션 기법으로 이 유대계 러시아 전래를 다정하고도 유쾌하게 보여 준다. 이 영화에는 명확하게 구분된 두 세계가 역설적으로 제시되는데, 산 자들의 세계는 차갑고 어두운 회색조인 반면, 죽은 자들의 세계는 밝고 선명한 색으로 표현된다. 죽은 자들은 산 자들보다 훨씬 유쾌하고 즐기는 삶을 살며 생기 있다.

벽에 투사된 그림자는 <빈센트>와 독일 표현주의 영화들을 연상시키며, 영화는 처음부터 끝까지 묘약과 마녀, 유령과 묘지, 해골 - 빅터의 죽은 반려견 스크랩스를 포함해 - 버튼적 요소들로 가득하다.

영화에는 존 오거스트와 대니 엘프만, 조니 뎁, 헬레나 본햄 카터 등 팀 버튼의 오래된 파트너들이 총출동했다. <유령 신부>는 2006년 31회 새턴 어워즈 최우수 애니메이션 상을 수상했으며, 제78회 미국 아카데미 시상식 장편 애니메이션 영화상에 노미네이트되어 평단과 흥행이라는 두 마리 토끼를 잡았다.

맙소사, 산 사람이야.
-알프레드

덧 : 영화 속 빅터가 연주하는 피아노에는 '해리하우젠'이라는 브랜드명이 새겨져 있는데, 이는 스톱 모션 애니메이션의 개척자이자 특수 효과의 거장인 래리 해리하우젠을 향한 팀 버튼의 존경의 표시이다.

스위니 토드

어느 잔혹한 이발사 이야기

SWEENEY TODD

원제 : Sweeney Todd : The Demon Barber of Fleet Street

개봉 연도 : 2007 년

상영 시간 : 117 분

각본 : 존 로건

작곡 : 스티븐 손드하임

촬영 : 다리우스 볼스키

캐스트 : 조니 뎁, 헬레나 본햄 카터, 앨런 릭맨, 샤챠 바론 코헨, 티모시 스폴, 제이미 캠벨 바우어, 에드 샌더스, 제인 와이즈너, 로라 미쉘 켈리

수상 내역 : 2008년 34회 새턴 어워즈(최우수 호러상, 최우수 의상상), 80회 미국 아카데미 시상식(미술상), 65회 골든 글로브 시상식(작품상-뮤지컬코미디, 남우주연상-뮤지컬코미디)

<스위니 토드:어느 잔혹한 이발사 이야기>는 1980년대 브로드웨이 뮤지컬 흥행작을 각색한 작품이다. 팀 버튼은 조니 뎁의 손에 이발사의 면도칼을, 헬레나 본햄 카터의 손에 파이 가게의 식칼을 쥐어 준다. 두 배우는 검은 연기와 어두운 그림자 아래에서 핏빛 복수를 노래한다.

영국 빅토리아 시대 런던. 이발사 벤자민 바커(조니 뎁 분)는 음모와 모함에 휘말려 아내와 딸과 헤어진다. 감옥에 갇힌 지 15년 만에 바깥 세상으로 나온 바커는 분노와 복수심을 가슴에 품고 고향으로 돌아온다. 그 순간부터 바커는 신분을 숨기고 스위니 토드라는 이름으로 러벳 부인(헬레나 본햄 카터 분)과 함께 파멸의 사업을 시작한다. 바커의 이발소에서 나온 수상한 부산물로 만들어진 육즙 풍부한 파이는 곧 런던의 명물이 된다.

고딕풍의 어둡고 무시무시한 이 영화는 여러 장면에서 관객의 배짱과 담력을 시험한다. 러벳 부인과 바퀴벌레들, 파이 속에 든 썩은 버터, 피렐리(샤챠 바론 코헨 분)의 번쩍이는 면도칼, 터핀 판사(앨런 릭맨 분)의 가학적인 시선과 행동, 목에서 분수처럼 뿜어져 나오는 피, 지하실 바닥으로 자유 낙하하는 시체들과 부서지는 두개골. 하나같이 입맛을 뚝 떨어뜨리는 것들뿐이다.

그런가 하면 창문 안과 밖으로 펼쳐지는 거리 풍경이나 빅토리아풍 소품 등 아름다운 볼거리도 있다. 물론 그런 장면 속에도 버튼은 아이와 여성, 거지와 같은 사회적 약자들이 강자의 손에 휘둘리는 구조적인 모순을 향한 냉소와 풍자를 녹였다. 영화 곳곳에 난무하는 피는 관객에게 고전 공포 영화를 상기시키며, 콜린 앳우드의 의상은 언제나처럼 서사를 극대화시킨다.

영화는 낯선 발명품과 묘지, 빅토리아 풍 건축물과 아웃사이더 등 버튼적 요소가 가득하다.

비법이 뭐냐고요? 솔직히 말하죠.
가문 대대로 전수된 나만의 비법
-러벳 부인

ALICIA EN EL PAÍS DE LAS MARAVILLAS

이상한 나라의 앨리스

원제 : Alice in Wonderland
개봉 연도 : 2010년
상영 시간 : 108분
각본 : 린다 울버턴(원작 : 루이스 캐럴)
음악 : 대니 엘프만
촬영 : 다리우스 볼스키
제작사 : 월트 디즈니 픽처스 / 팀 버튼 프로덕션 / 자눅 컴퍼니 / 로스 필름 / 팀 토드
출연진 : 미아 와시코브스카, 조니 뎁, 헬레나 본햄 카터, 앤 해서웨이, 크리스핀 글로버, 맷 루카스, 마튼 초카스, 팀 피곳 스미스, 린제이 던컨, 제라르딘 제임스, 프란세스 드 라 투어, 젬마 파월, 존 홉킨스, 엘레노어 긱스, 엘리너 톰린슨, 코트니 팜
수상 내역 : 2011년 37회 새턴 어워즈(최우수 판타지영화상, 최우수 의상상), 83회 미국 아카데미 시상식(미술상, 의상상), 64회 영국 아카데미 시상식(의상상, 분장상), 16회 크리틱스 초이스 시상식(의상상, 분장상)

<이상한 나라의 앨리스>의 원작자 루이스 캐럴을 둘러싼 소문 가운데 한 가지는 그가 억압된 소아성애자라는 것이다. 동료 교수의 세 딸은 캐럴에게 매우 인상적인 존재였으며, 셋 중 앨리스 리들에게 자신이 쓴 동화 <이상한 나라의 앨리스>를 헌정했다. 캐럴에게 앨리스는 뮤즈이자 친구였다. <이상한 나라의 앨리스>는 <지하 세계의 앨리스>에서 출발한 이야기로, 그뒤 캐럴은 후속작 <거울 나라의 앨리스>를 발표한다. 소설이 발표된 1903년 이래로 <이상한 나라의 앨리스>는 영화와 TV 시리즈, 뮤지컬 등 다양한 버전으로 제작되었는데, 그 가운데 1951년에 개봉한 월트 디즈니의 애니메이션 버전이 가장 유명하다.

버튼 판 <이상한 나라의 앨리스>는 3D 애니메이션 기법과 아름다운 의상이 주는 독특하고 화려한 영상미, 멋진 사운드 트랙이 관객의 눈과 귀를 만족시킨다. 미아 와시코브스카(앨리스 역)와 조니 뎁(모자 장수 역), 헬레나 본햄 카터(붉은 여왕 역) 등 초호화 캐스팅은 말할 것도 없다. 그럼에도 평단과 흥행에서 호불호가 분명하게 갈리고 말았다.

*녹색 크로마키 화면 앞에서 배우들은
에너지를 빼앗깁니다.
자신이 좀비처럼 느껴질 수도 있지요.
그래서 배우들이 에너지를 유지할 수 있도록
빨리 촬영하고 싶었습니다.
우리는 촬영을 빨리,
그것도 미친 듯이 빨리 했습니다.*
《Burton on Burton 팀 버튼이 말하는 팀 버튼》
(마크 솔즈베리 저)

이 영화의 컴퓨터 그래픽 효과는 실로 놀랍다. 배우들을 제외한 이 영화의 거의 모든 요소는 컴퓨터 그래픽으로 만들어진 것이다. <비틀쥬스>에서 보여지는 B급 영화의 싸구려 특수 효과를 신봉하는 팀 버튼의 취향과는 거리가 멀지만, 여전히 실험적이고 독특한 것을 사랑하는 팀 버튼적 요소를 충분히 볼 수 있는 작품이다.

온갖 미친 것들의 전시장이라고나 할까.

*그런 것 같구나. 넌 비정상이야. 확실히 이상해.
하지만 비밀인데, 멋진 사람들은 다 그래.
-찰스 킹슬리(앨리스의 아빠)*

SOMBRAS TENEBROSAS

다크 섀도우

원제 : Dark Shadows
개봉 연도 : 2012년
상영 시간 : 113분
각본 : 세스 그레이엄-스미스
음악 : 대니 엘프만
촬영 : 브루노 델보넬
제작사 : 댄 커티스 프로덕션/ 지케이 필름 / 인피 니툼 니힐 프로덕션 / 워너 브라더스 픽처스
출연진 : 조니 뎁, 미셸 파이퍼, 헬레나 본햄 카터, 에바 그린, 잭키 얼 헤일리, 조니 리 밀러, 클로이 모레츠, 벨라 헤스콧, 걸리버 맥그레이스, 크리스토퍼 리, 레이 셜리, 앨리스 쿠퍼, 앤드류 크레이포드, 토머스 맥도넬

<다크 섀도우> 는 1966년부터 1971년까지 미국에서 방영된 댄 커티스 원작의 TV 시리즈로, 마녀 빅토리아 윈터스와 콜린스 가문의 이야기다. 극이 진행되고 뱀파이어 바나바스 콜린스가 등장하면서 이 시리즈는 높은 인기를 누리기 시작했다.

팀 버튼은 이 TV 시리즈를 동명 제목의 영화로 리메이크한다. 감독은 전작과 달리 컴퓨터는 한쪽으로 밀어 두고 자신의 스타일대로 세트를 세웠으며, 자신의 최정예 멤버들인 조니 뎁(바나바스 콜린스 역), 헬레나 본햄 카터(닥터 줄리어 호프먼 역), 대니 엘프만, 콜린 앳우드, 릭 하인리히 등과 함께했다. 그래서인지 영화는 더 편안하고 익숙하다.

평단과 흥행에서 크게 성공을 거두지는 못했으나, 버트니안들은 양질의 웰메이드 영화라고 평가한다.

그건 그렇고, 정말 유감스럽지만
너희들을 죽여야겠어.
-바나바스 콜린스

188

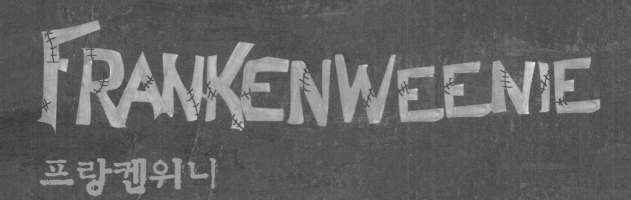

프랑켄위니

원제 : Frankenweenie
개봉 연도 : 2012년
상영 시간 : 87분
각본 : 존 오거스트
음악 : 대니 엘프만
촬영 : 애니메이션, 피터 소르그(흑백)
제작사 : 월트 디즈니 픽처스
출연진 : 찰리 타핸, 프랭크 웰커, 마틴 숏, 캐서린
오하라, 아티커스 샤퍼, 위노나 라이더, 마틴 랜도,
로버트 카프론, 콘처터 페렐, 제임스 히로유키 랴오
수상 내역 : 2013년 39회 새턴 어워즈(최우수 애
니메이션상, 최우수 음악상), 2012년 38회 LA 비
평가 협회상(애니메이션상), 77회 뉴욕 비평가 협
회상(애니메이션상)

강아지 스파키를 사고로 잃고 불안 증세를 보이던 빅터는 털북숭이 친구를 되찾기 위해 할 수 있는 모든 것을 시도하고, 결국 성공을 거둔다. 스파키의 귀환과 변신은 마을에 혼란을 가져오고, 죽은 동물들의 부활이 잇따른다.

팀 버튼 표 블랙 유머와 흑백 화면 속에 다정한 이야기가 담겨 있다.

이 스톱 모션 애니메이션 작품은 버튼과 디즈니 사이의 끝없는 투쟁의 결과다. 그리고 버튼은 마침내 해내고야 말았다.

1984년 발표했던 단편 영화 <프랑켄위니>의 기억 때문에 팀 버튼은 디즈니사를 떠났지만, 수 십 년의 시간이 흘러 팀 버튼은 동명의 영화를 실사가 아닌 스톱 모션 애니메이션으로 리메이크해 내놓았다.

소년과 반려견 사이의 이 아름다운 해피 엔딩 러브 스토리는 첫 장면부터 마지막 장면까지 버튼 적인 것들로 가득하다. 메리 셸리의 고전 공포 소설 <프랑켄슈타인>에서 영감을 받은 감독은 <미이라> <드라큘라> <고질라> 영화의 괴수 캐릭터뿐만 아니라, <해양 괴물(검은 산호초의 괴물)>과 <그렘린>의 크리처들이 합쳐진 미니멀즈 퍼펫을 비롯해, 심지어 빈센트 프라이스 퍼펫도 등장시킨다!

마음 속 특별한 곳이 아니라
그냥 내 옆에 있었으면 좋겠어요.
-빅터

BIG EYES

빅 아이즈

원제 : Big Eyes
개봉 연도 : 2014년
상영 시간 : 106분
각본 : 스콧 알렉산더, 래리 카라스제우스키
음악 : 대니 엘프만
촬영 : 브루노 델보넬
제작사 : 실버우드 필름 / 일렉트릭시티 엔터테인먼트 / 와인스타인 컴퍼니
캐스트 : 에이미 아담스, 크리스토프 왈츠, 대니 휴스턴, 제이슨 슈왈츠먼, 크리스틴 리터, 테렌스 스탬프, 헤더 도엑슨, 에밀리 폰다, 존 폴리토, 스티븐 윙, 에밀리 매디슨, 데이빗 밀처, 엘리자베타 팬톤, 코니 조 세크리스트, 제임스 사이토
수상 내역 : 2015년 72회 골든 글로브 시상식(여우주연상-뮤지컬코미디)

버튼은 사람의 눈을 좋아한다. 이 영화는 사람의 눈을 그린 어느 화가의 이야기다.

월터 킨(크리스토프 왈츠 분)은 우연한 기회에 아내 마가렛 킨(에이미 아담스 분)의 그림을 대신 판매하게 된다. 그림은 마가렛이 그렸지만 월터는 그림이 마치 자신의 작품인 양 말하고 다니고, 부부는 '빅 아이즈'라는 브랜드를 만들어 갤러리에서 복제품과 그림을 판매하기에 이른다.

스콧 알렉산더와 래리 카라스제우스키는 한 실존 화가의 일생을 다룬 각본의 아이디어를 가지고 팀 버튼을 찾았다. 놀랍게도 팀 버튼은 그 화가를 알고 있을 뿐 아니라, 가족의 초상화를 의뢰하기 위해 두 번이나 만난 사이였다.

스콧과 래리는 어떤 허구도 덧붙이지 않는다는 조건으로 마가렛 킨과 계약을 맺었다. 본격적인 취재와 집필에 들어가자 둘은 어떤 허구도 설 여지가 없다는 것을 깨닫게 되었다. 마가렛 킨이 겪은 현실이 허구를 넘어설 만큼 드라마틱했기 때문이다. 둘은 마침내 킨과 버튼 모두를 매료시킬 각본을 완성한다.

이 영화는 분명 한 부부가 겪은 불화에 관한 이야기지만, 팀 버튼은 한 인간이 상대에게 느낀 환멸과 실망 이상의 감정을 이야기하고자 한다.

더불어 대중 예술이 더 높고 고양된 것이라고 여겨지는 순수 예술보다 열등하지 않다는 메시지를 전한다.

구상화는 안 다루는 거 알잖아,
너무 뻔해.
-루벤

덧 : 실제 마가렛 킨은 영화 주인공 마가렛 킨이 공원에서 그림을 그리는 장면에 카메오로 출연한다.

원제 : Miss Peregrine 's Home for Peculiar Children

개봉 연도 : 2016년

상영 시간 : 127분

각본 : 제인 골드만(**원작** : 랜섬 릭스)

음악 : 매튜 마게슨, 마이클 하이엄

촬영 : 브루노 델보넬

제작사 : 처닌 엔터테인먼트 / 팀 버튼 프로덕션

출연진 : 에이사 버터필드, 에바 그린, 사무엘 L. 잭슨, 테렌스 스탬프, 주디 덴치, 엘라 퍼넬, 앨리슨 제니, 루퍼트 에버렛, 킴 딕켄스, 크리스 오다우드, 핀레이 맥밀란, 카메론 그레코, 오-랜 존스, 저스틴 데이비스, 조지 브리코스, 마일로 파커, 앤드류 핍킨스, 잭 핍킨스, 브라이슨 파월스, 헤이든 킬러-스톤, 로렌 맥크로스티

<미스 페레그린과 이상한 아이들의 집>은 할아버지가 어릴 적 들려줬던 환상의 세계를 방문하게 되는 16살 소년 제이크(에이사 버터필드 분)의 이야기다.

팀 버튼은 거듭되는 방황 끝에 마침내 자신의 가장 원시적이고 독창적인 본질로 옮겨간다. 소외된 십 대는 환상의 세계에서 만난 사람들 사이에서 마치 물을 만난 물고기처럼 해방감을 느낀다.

영화에는 묘지와 미스터리, 날아다니는 사람들, 광대와 명소, 틀어진 부자 관계, 현실과 판타지 세계의 공존을 비롯해 콜린 앳우드의 손에서 태어난 놀라운 의상과 세트까지, 팀 버튼 특유의 미학적 요소로 가득하다.

페레그런 저택의 공룡 정원은 <가위손>을 연상시키고, 아버지의 부재를 불평하고 이중 생활을 의심하는 제이크의 아버지와 할아버지의 관계는 <빅 피쉬>의 연장선상에 있는 듯하다. 팀 버튼은 이 영화에 카메오로 깜짝 출연하는데, 영화 후반부 놀이공원에서 해골로 얼굴을 강타당하는 인물이 바로 그다.

놀이 공원의 괴물들과의 전투 장면은 해리하우젠의 영화 <아르고 황금 대탐험>의 해골 군대를 향한 오마주이지만, 특수 효과의 남용으로 관객을 아연실색케 하는 면도 없지 않다.

음악적으로는 대니 엘프만이 그리워지고, 버튼의 영화에서는 좀처럼 볼 수 없었던 등장인물 간의 성적 긴장감이 존재한다.

누군가와 얘기하면 좀 나을 거야.
골란 선생님께 전화하자.
-프랭클린 포트만(제이크의 아버지)

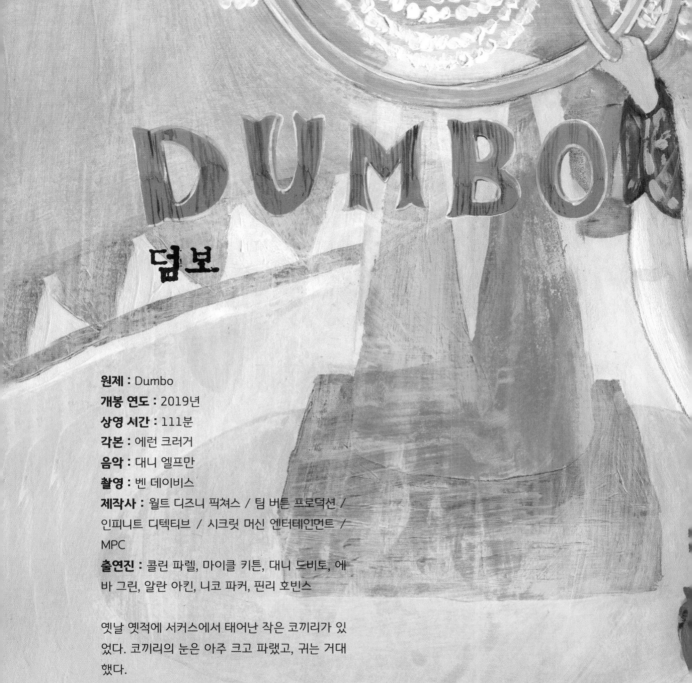

DUMBO

덤보

원제 : Dumbo
개봉 연도 : 2019년
상영 시간 : 111분
각본 : 에런 크러거
음악 : 대니 엘프만
촬영 : 벤 데이비스
제작사 : 월트 디즈니 픽쳐스 / 팀 버튼 프로덕션 /
인피니트 디텍티브 / 시크릿 머신 엔터테인먼트 /
MPC
출연진 : 콜린 파렐, 마이클 키튼, 대니 드비토, 에
바 그린, 알란 아킨, 니코 파커, 핀리 호빈스

옛날 옛적에 서커스에서 태어난 작은 코끼리가 있
었다. 코끼리의 눈은 아주 크고 파랬고, 귀는 거대
했다.

   팀 버튼은 1941년에 개봉한 디즈니의 애니메
이션 <덤보>를 리메이크했다. <덤보>는 1939년
헬렌 애버슨과 해럴드 펄이 펴낸 동화가 원작이
다.

하지만 이런 건 처음 보실 겁니다.
하늘을 나는 코끼리!
-드림랜드의 콜로세움 서커스 사회자

팀 버튼은 이번에도 팀 버튼 군단과 함께 최신 기술을 사용해 이 사랑스러운 동물에게 숨을 불어 넣었으며, 그 결과는 다정하고 달콤했다. 그리 놀라운 일도 아닌 것이, 팀 버튼 만큼 서커스를 잘 아는 이가 있겠는가?

악당이 누구인지 영웅이 누구인지를 매우 명확하게 보여 주는 감각적인 영화로, 그 결말은 누구도 부정하거나 반대하지 않는다. 이 영화에는 두 개의 이야기와 두 개의 결말이 있다고 말해야 할 것이다. 메인 스토리는 서커스 단원들인 사람들의 이야기이고, 다른 이야기는 덤보와 엄마 점보의 이야기다. 서커스 이야기는 감독 자신의 관심사이기도 하지만 서커스에서 커리어를 쌓았던 토드 브라우닝에 대한 오마주이기도 하다.

캐스팅은 늘 그렇듯이 완벽했으나, 에바 그린(콜레트 마샹 역)을 덤보의 등에 태운 것은 그다지 좋은 선택이 아니었다는 것이 중론이다.

이 작품에는 매우 분명한 메시지가 있는데, 바로 동물들에게 서커스는 유쾌한 장소가 아니라는 사실이다.

OTROS UNIVERSOS
Y VIDA EXTRATERRESTRE

다른 우주와 외계 생명체

팀 버튼의 다른 작업들

다중 우주: 우리가 살고 있는 우주 외에
또 다른 우주가 존재한다는 이론

팀 버튼은 예술적 재능을 가진 야심가로서 영화 감독 일을 하는 동시에 여러 가지 다른 일들을 병행해 왔다. 빛을 보지 못하거나 촬영 중에 엎어진 팀 버튼의 영화들과 작가로서 버튼의 활약상이 담긴 책들이 여기 있다.

빈센트와의 대화

<가위손>을 촬영한 뒤 버튼은 빈센트 프라이스에게 그의 삶을 담은 다큐멘터리를 제안했다. 이 다큐멘터리는 첫 샷을 떴지만 안타깝게도 <배트맨 2>의 촬영과 빈센트 프라이스의 죽음으로 끝을 맺지 못하고 말았다.

'슈퍼맨 리브즈'의 죽음: 무슨 일이 일어났나?

90년대 후반, 마블 코믹스의 또 다른 히어로 슈퍼맨은 버튼의 손길을 거쳐 실사 영화로 개봉되길 기다리는 참이었다. 슈퍼맨 역으로 버튼은 니콜라스 케이지를 캐스팅했다. 워너 브라더스 사는 버튼에게 <슈퍼맨> 실사 영화의 감독직을 제안했고, 케빈 스미스에게 두 개의 시놉시스를 작성토록 했다. 시놉은 버튼에게 전달되었지만 프로젝트는 무산되고 말았다. 이로 인해 스미스와 버튼의 프로젝트는 지금도 진행형이다.

믿거나 말거나!

수면 위로 떠오르지 못한 또 다른 한 편의 영화는 로버트 리플리의 삶을 다룬 영화 <믿거나 말거나!>다. 리플리는 전 세계를 여행하면서 얻은 진기한 경험과 희귀한 일화를 카툰으로 구성해 신문에 오랫동안 연재한 바 있다. 리플리 역에는 짐 캐리가 캐스팅되었으며, <에드 우드> 등의 각본을 쓴 스콧 알렉산더와 래리 카라스제우스키 콤비가 각본을 썼다.

아담스 패밀리

1930년대 신문 카툰의 주인공이었던 이 가족은 1970년대에는 애니메이션으로 1991년과 1993년, 1998년에 실사로 스크린에 재등장한다. 팀 버튼은 스톱 모션 애니메이션과 흑백으로 새롭게 영화를 연출할 계획이었다. 하지만 제작은 무산되었고, 영화는 버튼의 애초의 계획과는 달리 총천연색의 3D 애니메이션으로 개봉되었다.

굴 소년의 우울한 죽음

1997년에 출판된 이 책은 팀 버튼이 시를 쓰고 그림을 그린 이야기 모음집이다. 뉴욕 타임즈는 '유치하면서도 정교하다.'고 이 책을 평했다. 이야기 속에는 소외된 이들과 그들의 비극적인 이야기가 담겨 있다. 버튼은 이 책이 <슈퍼맨>의 악재에서 벗어날 수 있게 해준 탈출구였다고 밝혔으며, 이 책은 리사 마리에게 헌정되었다.

이 글의 깊숙한 곳에 숨겨진 의미를 어린이들이 알 수는 없겠지만 희한하게도 어린이들은 이 책을 좋아한다.

비틀쥬스 2

1980년대 이 고전 영화의 속편 제작 여부를 두고 논란이 끊이지 않았다. 한때는 속편 제작이 확정되었으며 마이클 키튼과 위노나 라이더가 출연할 것이라는 소식도 전해졌지만, 프로젝트는 현재 답보 상태이며 진전의 기미가 보이지 않는다.

스테인 보이의 세계

6개 에피소드로 제작된 애니메이션 시리즈로, <굴소년의 우울한 죽음>에 등장하는 인물, 스테인 보이가 주인공이다. TV나 극장이 아닌 인터넷으로 공개되었는데, 목소리 연기자들 가운데는 리사 마리도 있다.

뮤직 비디오

팀 버튼은 록 밴드 The Killers의 <Bones>와 <Here With Me>, 두 곡의 뮤직비디오를 연출해 음악 세계에 첫발을 내딛었다. 두 곡 모두 팀 버튼의 색채가 뚜렷이 드러나는데, 해리하우젠과 <미스 페레그린과 이상한 아이들의 집>을 연상시킨다.

팀 버튼 프로덕션

공동 제작자로서 버튼의 첫 번째 작업은 <가위손>이었다. 그는 자신의 영화 이외에도 진정한 망작인 <못말리는 초보 선원> <제임스와 거대한 복숭아> <나인> <링컨: 뱀파이어 헌터> 같은 다른 감독들의 영화를 제작하기도 했다.

AGUJERO NEGRO

블랙홀

또는 팬

어떤 물질 입자도, 심지어는 빛조차도 빠져나갈 수 없는
중력장이 있는 공간

팀 버튼의 카리스마는 강력하다. 그는 사람을 끌어당기는 마력의 소유자
다. 그래서 버튼을 따르고 사랑하고 우상화하는, 무조건적이고 변덕스러운
영혼들이 넘친다.

　팀 버튼이 창조한 세계를 눈앞과 손 안에 현실화한 머천다이징의 세계
는 무한하다. <팀 버튼의 크리스마스 악몽>에 등장하는 캐릭터들과 앙상
하고 구부러진 가지의 겨울 나무 피규어는 이 세계 수집가들 사이에 레어
템으로 등극했다. 그 외에도 티셔츠, 문구 등 여러 종류의 굿즈는 시간이 지
나도 수집가들 사이에서 여전히 인기가 뜨겁다.

DOBLE CUÁNTICO
또 다른 나 / 양자적 나

육체와 영혼 측면에서 개인의 이중화

한 사람이 단지 하나의 존재가 아니라 두 개의 존재라는 이론이 있다. 현재를 살아가는 나와 다양한 선택지를 미리 보기 위해 미래를 여행하는 또 다른 내가 있다는 것이다. 직관이나 직감은 미래를 여행하고 온 또 다른 내가 보내는 신호다.

　　<가위손>의 에드워드가 교차로에서 <비틀쥬스>의 리디아를 만났다면 어떻게 되었을까? <에드 우드>의 에드가 이들의 만남을 목격했다면? <빅 피쉬>의 마녀가 그들 모두의 또 다른 존재라면?

저자의 해석에서 비롯한 개념이므로 실제 이론과는 무관함.

INFINITUD
무한대

무한의 수량을 나타내는 개념.

우주는 무한하고 끝없이 팽창한다고 말한다. 오랜 세월에 거쳐 팀 버튼의 영화는 진화 중이다. 싹을 틔우고, 가지를 뻗고 뿌리 내리고 있다. 물론 잘라 낼 것도 접붙일 것도 많지만 창의력이라는 나무는 한계가 없기 때문이다.

버튼은 자신의 작품에 스스로의 어린 시절을 담아왔다. 나는 스스로에게 응원의 주문을 외던 십 대의 내 모습을 담은 그림으로 이 책을 마무리하고 싶다. "나는 아직 덜 자란 물고기다. 나는 거친 물속을 헤치고 나가는 중이다."

세상으로부터 버림받은 자들이여, 교실 언저리에 앉아 있는 이들이여, 힘을 합쳐라. 아무도 이해하지 못하는 어둡고 이상한 그림을 계속 그려라!

참고 문헌

도서

존 오거스트, 《Big Fish: Guión cinematográfico de John August para la película dirigida por Tim Burton. Basado en la novela de David Wallace(빅 피쉬 각본집: 데이비드 월래스 원작, 팀 버튼 감독, 존 오거스트 각본)》,Ocho y Medio, 2004

팀 버튼, 《팀 버튼의 굴 소년의 우울한 죽음》, 새터, 2012

팀 버튼, 《Pesadilla antes de Navidad(팀 버튼의 크리스마스 악몽)》, Planeta DeAgostini, 2007.

해들리 프리먼, 《The Time of My Life: Un ensayo sobre cómo el cine de los ochenta nos enseñó a ser más valientes, más feministas y más humanos(내 인생의 시간: 80년대 영화가 가르쳐 준 더 용감하고, 더 페미니즘적이며 더 인간적인 삶의 방식》, Blackie Books, 2016.

이사벨 가르시아, 《Tim Burton: el universo insolito(팀 버튼, 기묘한 우주)》, Midons Editorial, 1998.

위르겐 뮐러, 《Cine de los 80(80년대 영화)》, Taschen, 2018.

데이비드 G. 파나데로, 미겔 앙헬 파라, 《Ed Wood: platillos volantes y jerseys de angora(에드 우드: 비행접시와 앙고라 스웨터)》, T & B Editores, 2005.

데이비드 G. 파나데로, 미겔 앙헬 파라, 《Tim Burton: simios, murciélagos y jinetes sin cabeza(팀 버튼: 유인원, 박쥐, 머리 없는 기병)》, Diábolo, 2019.

독 파스토르 아류에, 《Los mundos de Tim Burton:luces y sombras, mitos y leyendas(팀 버튼의 세계: 빛과 그림자, 신화와 전설)》, Dolmen, 2018.

마크 솔즈버리, 《Burton on Burton 팀 버튼이 말하는 팀 버튼》, Alba Editorial, 2000.

스티븐 제이 슈나이더, 이언 헤이든 스미스, 《죽기 전에 꼭 봐야 할 영화 1001》 마로니에북스, 2019

언론 기사

베아트리체 사르토리, <팀 버튼>, El Cultural, 2005년 7월 28일

온라인 리소스

●《22. Aladino y la lámpara maravillosa "CUENTOS DE LAS ESTRELLAS" (1986)》. Pilar
Mis Novelicas. Disponible en: https://www.youtube.com/watch?v=12OfNDD6My0

● 《Celebrating the release of Dumbo by remembering when Tim Burton got his wisdom teeth taken out…(팀 버튼이 사랑니를 뽑았을 때를 기억하며 덤보의 개봉을 기념하며)》. Nick Usen @nickusen.
Disponible en: https://twitter.com/nickusen/status/1111011216141549570?ref_src=twsrc%5Etfw%7Ctwcamp%5Etweetembed%7C-twterm%5E1111011216141549570&ref_url=https%3A%2F%2Fwww.vox.com%2Fculture%2F2019%2F4%2F17%2F18285309%2Ftim-burton-films-visual-styleaesthetic-disney-explained

● 《D Todo - Tim Burton (08/03/2018) (팀 버튼의 모든 것)》. Canal Once.
Disponible en: https://www.youtube.com/watch?v=15mqlFSvgQo

● 《El cine de Tim Burton, un cine de culto(팀 버튼의 컬트 무비)》.
El Espectador imaginario.
Disponible en: http://www.elespectadorimaginario.com/el-cine-detim-

burton-un-cine-de-culto/

• ≪El Mundo Expresionista de Tim Burton(팀 버튼의 표현주의 영화 세계)≫. Cristiank1918. Disponible en: https://www.youtube.com/watch?v=VyA5A5Z2dlQ

• ≪Entrevista a Tim Burton en su visita a México(멕시코 방문한 팀 버튼 인터뷰)≫. Noticias 22. Disponible en: https://www.youtube.com/watch?v=MhPOt3Ec_nE

• ≪Especial directores: Tim Burton y su universo(특별한 감독들: 팀 버튼과 그의 우주)≫. Sensacine. Disponible en: http://www.sensacine.com/noticias/cine/noticia-18528040/

• ≪Especiales Noticias – El mundo de Tim Burton (11/02/2018)(특별한 뉴스: 팀 버튼의 세계)≫. Canal Once. Disponible en: https://www.youtube.com/watch?v=SYw9oL8z3M

• ≪Las 10 mejores películas de Tim Burton que tienes que ver(꼭 봐야 할 팀 버튼의 영화 10편)≫. Estamos de Cine. Disponible en: https://www.youtube.com/watch?v=egsKbiTUsJQ

• ≪Simios, murciélagos y jinetes sin cabeza", el cine de Tim Burton(유인원과 박쥐, 머리 없는 기병: 팀 버튼의 영화≫. RTVE. Disponible en: http://www.rtve.es/noticias/20160416/simiosmurcielagos-jinetes-sin-cabeza-cine-timburton/1336381.shtml

• ≪TIM BURTON | Draw My Life(팀 버튼, 내 인생을 그리다)≫. Tik Tak Draw. Disponible en: https://www.youtube.com/watch?v=RbjvcvRAuhg

• ≪Tim Burton en "Días de cine"(오늘날의 영화, 팀 버튼)≫. VideoCult(Reportaje sobre Mars Attacks! emitido el 1 demarzo de 1997 en el programa Días de cine). Disponible en:

• ≪Tim Burton Hansel and Gretel 1982 El Corto Perdido(팀 버튼의 헨젤과 그레텔)≫. UNDERCINE.COM. Disponible en: https://www.youtube.com/watch?v=mT0HWdgo0-A

• ≪Tim Burton has built his career around an iconic visual aesthetic. Here's how it evolved(팀 버튼은 상징적 시각 미학으로 커리어를 쌓아왔다. 그 진화의 길은…) ≫. Vox. Disponible en: https://www.vox.com/culture/2019/4/17/18285309/tim-burton-filmsvisual-style-aesthetic-disney-explained

• ≪Tim Burton: Los 10 Magníficos: los mejores directores de cine(팀 버튼, 10인의 영화 거장들≫. TCM. Disponible en: https://www.youtube.com/watch?v=uqxwZMWWsYg

• ≪Todas las películas de Tim Burton, ordenadas de peor a mejor(팀 버튼의 모든 영화, 최악부터 최고까지≫. Vanity Fair. Disponible en: https://www.revistavanityfair.es/cultura/entretenimiento/articulos/ranking-fi lmografiatim-burton-peliculas-ordenadas-peor-amejor/21709

• El Espejo Gótico. Disponible en: http://elespejogotico.blogspot.com/

• Filmaffi nity. Disponible en: https://www.filmaffinity.com/es/main.html

• https://www.youtube.com/watch?v=LEB2pnGdRFA

• Wikipedia. Disponible en: https://es.wikipedia.org/wiki/Wikipedia:Portada

지음 이레네 말라

스페인 세비야에서 나고 자랐으며 세비야대학교에서 미술을 공부했습니다. UNIA 조형 예술상, 세비야대학교 국립조형예술상을 비롯해 다양한 조형 예술 대회에서 수상했습니다. 다양한 예술 분야에서 창작 활동을 하며, 그림책 작가로도 활동합니다. 작품으로는 〈수증기〉〈페트로프 박사님의 장갑〉 등이 있습니다.

옮김 문주선

대학에서 스페인어와 영어를 공부했습니다. 지금은 출판사에서 어린이책을 만들며, 좋은 책을 우리말로 옮기는 일을 합니다. 팀 버튼 유니버스를 여행하고 진정한 버트니안으로 거듭났습니다. 옮긴 책으로는 〈세계의 시장, 놀라운 발견이 가득한 곳〉〈오케스트라〉〈홈 파밍을 시작합니다〉 등이 있습니다.

현나

하비에르, 이토록 커다란 가족의 문을 다정하게 열어 준 것에 대해.

바바라, 편집자로서의 세심함과 인내심, 전문성에 감사합니다.

모니카 카르모나, 나의 길을 함께 가준 것에 대해(우리는 유니콘이 존재한다는 걸 알고 있지만 암말에 대해 이야기하는 걸 더 좋아하지.)

다비드, 매일 밤 내 물건을 금욕적으로 견뎌낸 것에 대해. 산 베르나르도 블랙홀에서 나는 '적색 왜성'이 되지.

다니엘, 도서관의 수많은 책을 대출할 수 있도록 도와주었지요.

그리고 나의 요정 대모님이자 엄마 캥거루인 나의 엄마, 그곳에 늘 계셔 주셔서 고맙습니다.